Kai Schimpf
Das Heldenhandbuch
Werde zu deinem Alpha-Ich!

Copyright © 2016 Kai Schimpf
All rights reserved.

ISBN: 1539093026
ISBN-13: 978-1539093022

www.heldenhandbuch.de
mail@heldenhandbuch.de

Erstauflage

Printed in Germany by Amazon Distribution GmbH, Leipzig

Das Werk, einschließlich seiner Teile, ist urheberrechtlich geschützt. Jede Verwertung ist ohne Zustimmung des Verlages und des Autors unzulässig. Dies gilt insbesondere für die elektronische oder sonstige Vervielfältigung, Übersetzung, Verbreitung und öffentliche Zugänglichmachung.

Kai Schimpf

DAS HELDEN HANDBUCH

Produktivität - Fitness - Finanzen

Werde zu deinem Alpha-Ich!

INHALT

Über dieses Buch...9

Wir werden alle sterben...15

Die innere Wahrheit...19

Schritt 1 - Glaubenssätze Identifizieren...24

Schritt 2 - Ziele klären...29

Schritt 3 - Glaubenssätze hinterfragen...32

Schritt 4 - Glaubenssätze austauschen...34

Der richtige Moment ist immer jetzt!...37

Leuchte dir den Weg...39

Spezifisch und messbar...41

Anspruchsvoll und realistisch...43

Terminiert...45

Meilensteine...47

Immer vor Augen...48

Achtung! Ende der Komfortzone!...53

Hungere dein Monster aus...59

Wie kannst du dieses übermächtige Monster dennoch besiegen?...64

Planen...65

Umsetzen 68

Der Butterfly Effekt 73

Der frühe Vogel 77

Fokus Pokus 83

Fange die Aufgabenkobolde ein 89

Entdecke dein Alpha-ich 93

   Dein Alpha-Ich 93

   Die 4 schädlichen Verhaltensweisen 95

   Sei dein Alpha-Ich 98

   Powersätze 104

Misserfolge sind zum Wachsen da 111

Energie 115

Dein Morgenritual 119

Kalt duschen 123

Hartes Training 127

Du bist was du isst 135

   Trinken 137

   Essen 139

   Genussmittel 145

Werde zu deinem Alpha-Ich!

Raus aus den Schulden 153

Finanzieller Schutz 161

Finanzielle Sicherheit 165

Mehr Gehalt 169

Finanzielle Freiheit 179

Auf die Überholspur 185

   Ein Bedürfnis erfüllen 188

   Der Einstieg darf nicht zu leicht sein 189

   Du musst die Kontrolle haben 190

   Dein Business muss skalierbar sein 191

   Unabhängig von deiner Zeit 192

   Das gibt's schon 193

Es ist Zeit was zu ändern 195

ÜBER DIESES BUCH

»Es wird keiner kommen und dir deine Träume erfüllen.
Sei dein eigener Held!«

Noch vor ein paar Jahren habe ich die meiste Zeit vor dem Fernseher oder vor dem Computer verbracht. Ich spielte stundenlang Computerspiele oder schaute bekloppte Fernsehsendungen. Ich war ein Meister im Aufschieben und machte wenig bis nichts wirklich Produktives. Dabei spürte ich schon damals, dass diese Lebensweise eine unglaubliche Vergeudung von Lebenszeit ist. Nach und nach habe ich damit begonnen, diesem Leben den Kampf anzusagen.

Letztendlich sind wir immer selbst dafür verantwortlich, wie sich unser Leben entwickelt. Du hast nicht den durchtrainierten Körper, den du dir wünschst? Selbst schuld. Du arbeitest in einem Job, der dir nicht gefällt? Auch das liegt nur an dir. Du steckst Hals über Kopf in Schulden? Deine Schuld.

Aber warte! Das sind großartige Neuigkeiten! Denn du hast es auch in der Hand, deine Situation zu ändern. Du kannst die Verantwortung dafür übernehmen, es anpacken und dein Leben verändern.

Heute bin ich stolz auf die Dinge, die ich erreicht habe. Ich habe in den letzten Jahren einen weiten Weg hinter mich gebracht. Ich konnte ein Studium erfolgreich abschließen und mich beruflich in eine Führungsposition vorarbeiten. Ich war mit meiner Band unterwegs und durfte sogar etwas Tour-Luft schnuppern. Letztes Jahr habe ich mein erstes Buch veröffentlicht und im Moment bin ich dabei mein erstes, wenn auch kleines Unternehmen zu gründen. Auf meinem Weg habe ich viele wertvolle Tipps und Lebenshilfen gesammelt. Ich hätte mich gefreut, wenn ich zu Beginn meines Wegs ein Buch gehabt hätte, dass mir einen Tritt in den Hintern verpasst, dass mich motiviert und mir Methoden zeigt, wie ich mein Leben zum Erfolg führen kann. Das Heldenhandbuch ist genau dieses Buch.

Warum ich dir das alles erzähle? Natürlich bin ich stolz darauf das alles erreicht zu haben, aber ich erzähle es dir, weil ich dir zeigen möchte, welche Veränderungen ein Mensch durchmachen kann und was möglich ist, wenn man an sich arbeitet. Ich bin mir sicher, wenn ich das schaffe, kannst du es auch. Zwischen meinem Ich von damals und dem von heute liegen viele kleine und große Erkenntnisse, Erfahrungen und Weisheiten, die mich immer wieder einen Schritt weiter vorangebracht haben.

Das Helden-Handbuch ist die Quintessenz aller Erkenntnisse, die ich über diese Zeit gesammelt habe. Alle Kniffe die mir geholfen haben mein inneres Monster zu besiegen und alle Weisheiten, die ich in unzähligen Büchern gelesen, umgesetzt und zu schätzen gelernt habe.

Dieses Buch soll dir klare und praktische Tipps geben, die es dir ermöglichen das Beste aus dir herauszuholen. Mein Ziel ist es, dir mit diesem Buch einen gehörigen Tritt in den Hintern zu verpassen. Ich möchte, dass du keinen Funken Talent und keine Minute deiner Lebenszeit mehr unbewusst und unnötig verschwendest. Damit meine ich nicht, dass du keine Freizeit mehr haben sollst. Du sollst dich nur bewusst dafür entscheiden.

Mir ist wichtig, dass du die Dinge in diesem Buch wirklich ausprobierst. Egal wie simpel oder schwierig sie dir erscheinen mögen. Eventuell kennst du manches bereits. Die Wahrscheinlichkeit ist aber groß, dass du dieses Wissen noch nicht in die Tat umsetzt. Dieses Buch wird dir dabei helfen.

Immer wenn du im Buch dieses Symbol entdeckst, ist es an der Zeit für dich aktiv zu werden. Alle Aufgaben sind durch dieses Arschtrittsymbol markiert. Nur durch das Lesen des Buchs wird sich in deinem Leben nämlich nicht viel ändern. Um erfolgreich zu sein, musst du an dir arbeiten. Der Stiefel zeigt dir wann und wo.

Auf meiner Webseite www.heldenhandbuch.de gibt es die Möglichkeit dich anzumelden und dadurch Zugang zu Arbeitsmaterial zu bekommen, das dir hilft, die Inhalte des Heldenhandbuchs noch besser in die Tat umzusetzen.

Ich habe dieses Buch Heldenhandbuch genannt, weil es eine klare und umsetzbare Anleitung ist, wie du die Superheldenversion von dir selbst werden kannst. Dein Alpha-Ich. Wir werden dabei genau betrachten, wie du deinen Körper fit machen kannst, wie du deinen Geist und deine Produktivität zu Höchstleistungen treibst und wie du dir Wohlstand und finanzielle Freiheit erarbeitest. Niemand anders außer du selbst kannst der Held werden, der dich rettet.

Bereit? Einmal tief Durchatmen und los geht's!

Werde zu deinem Alpha-Ich!

GEIST & PRODUKTIVITÄT

WIR WERDEN ALLE STERBEN

Wenn das mal kein motivierender Anfang für ein Buch ist. Aber es ist leider wahr. Unsere Sterblichkeitsrate liegt bei 100%. Keine Ausnahmen. Ob Milliardär oder Obdachloser. Wir werden alle irgendwann sterben. Und die meisten von uns haben schon ein Viertel oder mehr ihres Lebens hinter sich gelassen. Es ist fundamental wichtig, dass dir das bewusst ist. Auch wenn es für jeden von uns furchteinflößend ist, hat diese Erkenntnis eine sehr wichtige Funktion. Sie verhindert, dass wir unser Leben einfach so an uns vorbeiziehen lassen, ohne die uns gegebene Zeit wertzuschätzen. Wir müssen uns diesen Fakt bewusstmachen, um uns wach zu rütteln. Nur wenn wir uns unserer Sterblichkeit vollkommen bewusst sind, können wir unsere Prioritäten im Leben wirklich richtig setzen.

Wie verbringst du den heutigen Tag? Du hast alle Möglichkeiten, die das Leben bietet. Schon morgen ist der heutige Tag bereits Vergangenheit. Dann kannst du deine Entscheidung nicht mehr rückgängig machen. Mit jeder Sekunde triffst du daher eine endgültige Entscheidung. Und es ist besser eine bewusste Entscheidung zu treffen, damit du deine Zeit genau mit den Dingen füllst, die für dich wirklich wichtig sind. Das Bewusstsein über unsere Vergänglichkeit versetzt uns in den richtigen Blickwinkel, um die wirklich wichtigen Dinge erkennen zu können.

Die Herausforderung besteht darin, dir zwar über

deine Zukunft Gedanken zu machen und dich gedanklich mit deiner Vergänglichkeit auseinanderzusetzen, aber sobald du deine Entscheidung für den Moment getroffen hast, auch wieder im Moment zu leben und diesen zu genießen. Wenn du stattdessen ständig nur melancholisch über die Endlichkeit des Lebens nachdenkst, wirst du keinen Moment mehr wirklich genießen können.

Nutze diesen Blickwinkel daher gezielt als Werkzeug, um zu überprüfen, ob dein Leben noch mit deinen Grundsätzen vereinbar ist. Prüfe, ob du deine Zeit so verbringst, wie du es wirklich möchtest. Dadurch kannst du verhindern, dass du einmal am Sterbebett bereust, etwas nicht getan zu haben. Um nicht ständig mit deinen Gedanken auf dieser Metaebene zu sein, solltest du dir ein festes Ritual dafür angewöhnen. Ein gutes Ritual, um regelmäßig zu prüfen, ob man noch die richtigen Prioritäten im Leben gesetzt hat, ist das „Memento Mori" Blatt. „Memento Mori" ist lateinisch für „Erinnere dich deiner Sterblichkeit". Auf diesem Blatt sind 52 Kästchen in einer Reihe. 80 Reihen hoch. Die linke obere Ecke ist das Geburtsdatum, die linke untere Ecke ist dasselbe Datum, nur 80 Jahre später. 80 Zeilen passen gerade so gut auf eine DinA4 Seite. Wenn du an deinem 80. Geburtstag die Lust verspürst, mit dem Memento Mori Blatt weiter zu machen, kannst du gerne ein neues anfangen.

Jede Woche füllst du ein Kästchen schwarz aus. Dabei fragst du dich selbst, ob du die Woche so gelebt hast, wie du dir das gewünscht hast. War die letzte Woche lebenswert? Was hast du erreicht? Wo hast du Zeit verschwendet? Was hat deinem Lebensweg geschadet und was geholfen? Wann hattest du Spaß? Was hat dich geärgert?

Das „Memento Mori" Blatt hilft dir die richtige Perspektive einzunehmen und wirft dich direkt in einen Zustand der Selbstreflexion. Das ist manchmal hart und kann unangenehm sein. Leider ist die Zeit brutal und erbarmungslos und tickt weiter. Ein bewusst gelebtes Leben ist das deutlich schönere. Es ist also besser, das anzuerkennen. Und zwar jetzt, solange noch Zeit ist und nicht erst wenn es bereits zu spät ist.

Wenn du dich auf www.heldhandbuch.de anmeldest, kannst du einen Vordruck des „Memento Mori" Blatts herunterladen. Drucke es aus und fülle alle Kästchen seit deiner Geburt schwarz aus. Schau dir die schwarze Fläche und auch die noch übrige Fläche in Ruhe an. Nimm dir Zeit dafür. Immer wenn du einen extra Tritt in den Hintern benötigst, hole dein „Memento Mori" Blatt hervor. Mindestens jedoch einmal die Woche um das neue Kästchen zu füllen.

Das Helden Handbuch

DIE INNERE WAHRHEIT

*»Wenn du Dinge möchtest,
die du niemals zuvor hattest,
musst du Dinge tun,
die du niemals zuvor getan hast.«*

Leider ist es ein Trugschluss zu glauben, dass deine Entscheidungen und dein Verhalten immer vollkommen unter deiner Kontrolle sind. Genau genommen ist nur ein kleiner Teil deines Verhaltens wirklich von deinem Bewusstsein gesteuert. Auf einen Großteil hast du keinen direkten Einfluss. Dein Unterbewusstsein steuert dich. Und das deutlich stärker als dir lieb ist.

Viele Glaubenssätze die du im Laufe deines Lebens gelernt hast führen dazu, dass dein Verhalten daran angepasst wird, ohne dass du es wirklich merkst. Du wirst mit deinen Entscheidungen immer wieder versuchen, deine Glaubenssätze zu bestätigen. Deine innere Wahrheit segelt dein Schiff. Zeit das Ruder zu übernehmen.

Wenn du im Grundschulalter gelernt hast, dass du nicht sehr sportlich bist, wird es dir schwerfallen, im Laufe deines Lebens jemals sportliche Ziele zu erreichen. Vielleicht hat dir dein Sportlehrer schlechte Noten verpasst. Vielleicht wurdest du beim Wählen der Mannschaftsmitglieder immer als Letzter gewählt. All diese Dinge sind tief in dir gespeichert und haben immer noch einen großen Einfluss auf dich.

Wenn dir beigebracht wurde, dass Geld den Charakter

verdirbt und man durch viel Geld arrogant und unausstehlich wird, wird dieser Glaubenssatz so viel Einfluss auf dich haben, dass du dir niemals erlauben wirst, reich zu werden. Auch wenn du mit deinen bewussten Entscheidungen in eine andere Richtung lenkst, wird dein Unterbewusstsein Wege finden, dich zu sabotieren. Glaubst du schon dein Leben lang, das du beim anderen Geschlecht nicht gut ankommst, wird sich deine Körpersprache, deine Wortwahl und dein ganzes Auftreten in Gegenwart einer attraktiven Frau oder eines schönen Mannes so zeigen, dass dein Glaubenssatz weiterhin Gültigkeit behält.
Dein Unterbewusstsein will dir damit nicht schaden. Ganz im Gegenteil. Es versucht damit, das von dir über viele Jahre erschaffene Bild der Welt zu bestätigen und dich vor verwirrenden unverständlichen Versionen der Realität zu beschützen. Es sorgt dafür, dass die Realität mit deinen Überzeugungen übereinstimmt, und vermeidet unangenehme Erfahrungen. Der innere Schweinehund wird oft genau von diesen Glaubenssätzen angetrieben, ohne dass es dir bewusst ist. Oft bist du gar nicht faul, sondern dein Vorhaben widerspricht nur deiner inneren Wahrheit.

Um diese übervorsorgliche Mutter namens Unterbewusstsein davon zu überzeugen einen anderen Weg zu gehen, müssen wir uns unsere Glaubenssätze erst einmal bewusstmachen. Das ist gar nicht so einfach. Aber ich werde dir in diesem Kapitel eine Technik zeigen, die es ermöglicht, dir deine Glaubenssätze bewusst zu machen. Sobald du erkannt hast, was als Wahrheit tief in dir verankert ist, kannst du damit starten, die falschen Glaubenssätze durch richtige auszutauschen.

Ich weiß, dass das alles etwas abgehoben und esoterisch klingt. Das war für mich nicht anders, als ich das erste Mal mit diesem Thema in Berührung kam. Die Zusammenhänge sind aber eigentlich sehr logisch und weit entfernt von esoterischem Hokuspokus. Bei mir ist der erste Aha-Effekt eingetreten, als ich den ersten falschen Glaubenssatz gefunden hatte, der zwischen mir und meinen Zielen stand.

Wenn du einen Ferrari auf der Straße siehst. Was denkst du? Lauten deine Gedanken eher: „So einen werde ich niemals in meine Leben besitzen." Oder ist es eher: „Genau so wird meiner auch aussehen!" Sollten Sportwagen nicht dein Ding sein, dann ersetze dieses Bild mit irgendetwas anderem, was für dich sehr großen Wert hat. Ein attraktiver Partner, ein großes Haus, tolle Freunde oder vielleicht eine große Familie.

Natürlich steht der Glaubenssatz, der der ersten Aussage zugrunde liegt, der Person im Weg. Wer sicher ist, dass diese Dinge unerreichbar sind, blockiert sich selbst und wird selten auch nur den ersten Schritt auf dieses Ziel zugehen.

Es gibt viele Lebensbereiche, für die wir unterbewusste Glaubenssätze mit uns herumtragen. Für den Anfang wollen wir den Fokus aber auf die folgenden fundamentalen Bereiche richten:

- Körper & Fitness
- Geld & Finanzen
- Geist & Produktivität

Diese drei Bereiche sind die Kernbereiche dieses

Buchs und die Basis für ein sorgenfreies Leben. Alle Glücksfaktoren und Grundbedürfnisse, wie Sicherheit, Beziehung, Freundschaft und Gesundheit leiten sich daraus ab.

Lass uns nun versuchen, deine Glaubenssätze herauszufinden und bei Bedarf zu verändern. Dafür musst du dir etwas Zeit nehmen und die folgenden Schritte durchgehen. Schnappe dir jetzt ein Blatt Papier und einen Stift. Alternativ kannst du dir auch deinen Computer nehmen und ein leeres Dokument öffnen, indem du dir Notizen machen kannst. Auch im Arbeitsmaterial zum Buch gibt es eine Vorlage, um deine Glaubenssätze zu ermitteln.

Ich weiß, dass es immer eine kleine Hürde ist, den Lesefluss zu unterbrechen und wirklich aktiv zu werden. Deshalb hier nochmal im Klartext. Um wirklich was zu verändern, musst du deinen Hintern jetzt hochbekommen. Wenn du einfach nur passiv weiterliest, wirst du an deinen Glaubenssätzen und damit an deinem Leben nichts ändern können.

Mit den folgenden vier Schritten geht es deinen negativen Glaubenssätzen jetzt an den Kragen:

Schritt 1:
Herausfinden, was du über die 3 Bereiche wirklich glaubst.

Schritt 2:
Prüfen, was deine Ziele in den 3 Bereichen sind.

Schritt 3:
Hinterfragen, ob deine Glaubenssätze wirklich

gerechtfertigt sind.

Schritt 4:
Deine negativen mit positiven Glaubenssätzen austauschen.

SCHRITT 1 - GLAUBENSSÄTZE IDENTIFIZIEREN

Im ersten Schritt geht es darum herauszufinden, was du tief in dir vergraben über die drei Bereiche denkst. Dabei werden wir erstmal frei von jeglicher Bewertung sammeln, welche Glaubenssätze im Laufe deines Lebens zu deiner Wahrheit geworden sind.

Körper & Fitness

Schau dir jede Aussage in der folgenden Liste genau an. Stimmt die Aussage mit deiner Meinung überein? Versuche erstmal zu vermeiden, dass du bereits in Kopf darüber argumentierst. Wenn dein Bauchgefühl dir sagt, »Ja, das ist wahr« schreib den Satz in deine Unterlagen ab. Wenn du zweifelst, nimm den Satz vorerst mit auf. Streichen kannst du ihn später immer noch.

- Ich bin unsportlich.
- Ich habe einen schlechten Stoffwechsel und kann deshalb nicht abnehmen.
- Ich bin faul.
- Ich bin unattraktiv.
- Ich werde es niemals schaffen, so richtig durchtrainiert zu sein.
- Ich kann nicht joggen.
- Ich werde niemals vom Rauchen loskommen.
- Es lohnt sich gar nicht, Sport zu machen.
- Sport ist Mord.
- Gesundes Essen schmeckt nicht.
- Muskeltraining ist nur was für Bodybuilder.

Werde zu deinem Alpha-Ich!

- Wer fit und gesund sein will, muss sein Leben lang auf tolle Sachen verzichten.
- Ich kann nicht langfristig abnehmen und mein Gewicht halten.
- Nicht jeder Mensch ist für Sport gemacht.
- Ein langes und gesundes Leben ist mir nicht wichtig.
- Egal wie hart ich trainiere, mein Körper baut einfach keine Muskeln auf.
- Ich habe keine Zeit für Sport.
- Ich habe keine Zeit für gesunde Ernährung.
- Ich bin schon zu alt, um meine sportlichen Ziele noch erreichen zu können.
- ...

Dir ist bestimmt aufgefallen, dass die Liste viele negative Aussagen beinhaltet. Der Grund dafür ist ganz einfach. Negative Glaubenssätze haben eine einschränkende Wirkung auf dein Leben. Positive Glaubenssätze eröffnen dagegen oft Möglichkeiten. Sollte dir ein positiver Glaubenssatz einfallen, der auf dich zutrifft, schreibe ihn ebenfalls auf. Um deine Blockaden zu lösen, werden wir uns hier aber auch negative und einschränkende Überzeugungen konzentrieren.

Fällt dir selbst noch ein Glaubenssatz ein, den du mit dir rumträgst? Nimm dir noch 3 Minuten Zeit, um darüber nachzudenken. Wenn es dir schwerfällt, so frei darüber nachzudenken, beginne damit, noch andere negative Glaubenssätze zu finden, die in der Liste fehlen. Diese müssen nicht zwingend auf dich zutreffen. Damit kommt dein Gehirn auf Betriebstemperatur.

Geld & Finanzen

Auch für diesen Bereich möchte ich, dass du die Glaubenssätze heraussuchst, die für dich zutreffen.

- Geld verdirbt den Charakter, macht hochnäsig und arrogant.
- Nur wer Arm ist, kommt in den Himmel.
- Wenn man reich ist, hat man keine richtigen Freunde mehr.
- Um reich zu werden, braucht man Glück.
- Geld macht nicht glücklich.
- Reichtum macht einsam.
- Reich wird man nur, wenn man geizig ist.
- Nur durch Verzicht wird man reich.
- Ich kann nicht mit Geld umgehen.
- Wer reich ist, weiß viele Dinge nicht mehr zu schätzen.
- Geld verursacht Sorgen und Probleme.
- Wer reich sein will, muss sein Leben lang hart arbeiten.
- Reich zu sein ist ungerecht gegenüber Ärmeren.
- Wenn ich viel Geld habe, verdirbt das den Charakter meiner Kinder.
- Umso mehr Geld man hat, umso gieriger wird man.
- Wohlstand hängt vom Zufall ab.
- Ich habe nicht das Zeug dazu jemals wohlhabend zu sein.
- Reichtum macht faul und träge.
- Wer Reich ist, macht sich zum Ziel für Verbrechen

- und Gewalt.
- Mehr als ich jetzt habe, habe ich auch nicht verdient.
- ...

Nimm dir nochmal 3 Minuten Zeit um Glaubenssätze zu finden, die dir in der Liste fehlen. Schreib auch diese in deine Notizen.

Geist & Produktivität

Als letztes Thema schauen wir uns nun deine Glaubenssätze zum Bereich Geist, Produktivität und Persönlichkeit an.

- Ich bin vielen Menschen unsympathisch.
- Ich bin nicht intelligent genug.
- Ich bin viel zu vergesslich.
- Mein Allgemeinwissen ist schlecht.
- Ich bin ein fauler Mensch.
- Die meisten Menschen sind unfreundlich, also bin ich es auch.
- Es lohnt sich nicht, etwas zu erledigen. Der Berg wird sowieso immer größer.
- Ich kann mich schlecht konzentrieren.
- Ich beherrsche Multitasking und schaffe dadurch doppelt so viel.
- Ich habe keine Talente.
- Niemand mag mich.
- Das Leben ist hart.
- Ich bin ein Außenseiter.

- Ich habe immer Pech.
- Nur mit Ellenbogen kann man im Leben was erreichen.
- Jeder ist sich selbst der Nächste.
- ...

Nimm dir auch hier nochmal 3 Minuten Zeit und identifiziere weitere Glaubenssätze, die auf dich zutreffen. Notiere alles, was dir einfällt.

Wähle aus all den Glaubenssätzen, die du nun notiert hast, die Top 5 aus, die auf dich den größten Einfluss haben. Wir wollen uns erstmal auf die stärksten Blockaden konzentrieren. Hast du es geschafft diese zu eliminieren, kannst du dich später an die Nächsten machen.

SCHRITT 2 - ZIELE KLÄREN

Als Nächstes wollen wir herausfinden, welche Träume und Ziele du hast. Da dich deine Glaubenssätze auch jetzt beeinflussen werden, müssen wir einen Weg finden sie zu ignorieren. Am besten gelingt das, wenn wir unsere Träume von unserem heutigen Ich abkoppeln. Stell dir also stattdessen vor, was die beste Version von dir selbst, dein Alpha-Ich, erreichen wird. Dabei kannst du den Weg zu deinen Zielen erst einmal ignorieren. Darauf werden wir später noch genauer eingehen. Dein Alpha-Ich, findet auf jeden Fall einen Weg das Ziel zu erreichen.

- Wie würde dein Leben in 5 Jahren aussehen, wenn es dein Alpha-Ich führen würde?
- Welche Projekte möchtest du abgeschlossen haben?
- Wie sieht deine Familie aus?
- Wo lebst du?
- Welche Dinge und wie viel Geld besitzt du?
- Wie wäre ein typischer Tagesablauf?
- Wie gesund und fit wärst du?

Schreib die Antworten jetzt in deine Notizen. Umso detaillierter deine Antworten ausfallen, umso besser. Denk daran, wenn du es dir nicht einmal Wert bist, dir ein paar Minuten Zeit zu nehmen, um diese Notizen zu machen, wirst du dir auch nicht die Zeit nehmen, um etwas in deinem Leben zu verändern! Also ran an die Arbeit und aufschreiben.

Du solltest jetzt ein Bild davon haben, wie deine Traumzukunft aussieht. Mach dir klar, dass das durchaus erreichbar ist, wenn du ab jetzt die Weichen deines Lebens immer in diese Richtung stellst. Genau diese Träume sollten deine Ziele sein. Gib dich nicht mit weniger zufrieden. Im besten Fall hast du jetzt zu allen drei Bereichen, »Fitness & Gesundheit«, »Produktivität & Persönlichkeit« und »Geld & Wohlstand« ein klares Idealbild formuliert.

Leg in deinen Notizen zwei leere Spalten an. In die linke Spalte schreibst du alle Vorteile, die sich für dein Leben ergeben würden, wenn du dieses Idealbild erreichst. Was würde sich verbessern? Worüber müsstest du dir keine Sorgen mehr machen? Womit würdest du deine Zeit verbringen?

In die rechte Spalte schreibst du alle Nachteile, die sich durch das Erreichen des Idealbilds ergeben würden. Was würde sich verschlechtern? Welche Sorgen hättest du dann, die du heute nicht hast? Nimm dir nun 5 Minuten Zeit um die Tabelle auszufüllen.

Ich bezweifle, dass du mehr Punkte in der rechten Spalte hast, als in der Linken. Aber selbst wenn in deiner Tabelle mehr Punkte auf der rechten Seite stehen, schau dir nicht nur die Anzahl an, sondern beachte auch die Gewichtung der einzelnen Punkte. Es ist wahrscheinlich, dass dir in der kurzen Zeit nicht alle Punkte eingefallen sind. Du kannst die Tabelle natürlich später noch erweitern, wenn dir noch neue Argumente einfallen.

Sollte das Ergebnis wirklich so ausgefallen sein, dass dein Idealbild dein Leben negativ verändert, empfehle ich dir das Ergebnis nochmal gründlich zu analysieren. Welches der Gegenargumente basiert auf einem falschen Glaubenssatz? Sind alle Pros und Contras wirklich berechtigt? Bitte im Zweifelsfall eine vertraute Person dieselbe Übung für dich zu machen und vergleiche die Ergebnisse.

Ein wahrscheinlicheres Ergebnis ist, dass dein Idealbild dein Leben deutlich zum besseren verändern wird. Es ist also absolut sinnvoll die rechte Spalte in Kauf zu nehmen, um die Vorteile der linken Spalte genießen zu können. Da du die drohenden Nachteile jetzt kennst, findet sich in den meisten Fällen auch ein Weg, die Nachteile aus der rechten Spalte abzumildern.

Schau dir nun nochmal deine Glaubenssätze an, die wir in Schritt 1 identifiziert haben. Welche behindern dich am meisten dieses Idealbild zu erreichen? Welche Überzeugungen musst du ändern, um es erreichen zu können? Tausche gegebenenfalls deine Top 5 noch einmal aus, falls du feststellst, dass dir ganz andere Glaubenssätze am meisten im Weg stehen.

SCHRITT 3 - GLAUBENSSÄTZE HINTERFRAGEN

Wir haben jetzt deine negativen Glaubenssätze identifiziert und deine Träume formuliert. Damit dich deine negativen Überzeugungen nichtmehr daran hindern, deine Ziele zu erreichen, wird es Zeit mal genau hinter die Kulissen deiner aktuellen Überzeugungen zu schauen.

Nimm dir deine Top 5 nun vor und beantworte für jeden Glaubenssatz folgende Fragen:

- Welche Beispiele fallen dir ein, die dem Glaubenssatz widersprechen? Gibt es Beispiele, die genau das Gegenteil des Glaubenssatzes beweisen?
- Was wäre genau das Gegenteil des Glaubenssatzes?
- Welche Person in deinem Leben hatte Einfluss darauf, dass du zu dieser Überzeugung gelangt bist?
- Was verbindet dieser Mensch mit Fitness, Geld, Produktivität? Was hat diese Person in diesen Bereichen erreicht? Welche Ratschläge hat sie dir gegeben?
- Wie wirkt sich dieser Glaubenssatz auf dein Leben aus? Welchen Einfluss hat er auf dein Verhalten?
- Findet sich eine Kette von Ereignissen, die zu diesem Glaubenssatz geführt hat?

Nur weil eine Überzeugung in der Vergangenheit für

dich richtig war, bedeutet das nicht, dass dies auch in Zukunft so ist. Du wirst nun vielleicht sagen, dass es dir wichtig ist, an deinen Überzeugungen festzuhalten. Nicht »heute so und morgen so« zu handeln. Dadurch wärst du aber verflucht, für immer in alten Wertvorstellungen festzustecken. Integrität oder Konsequenz bedeutet nicht, sich auf seine Aussagen von gestern zu versteifen. Integrität bedeutet, ständig in Übereinstimmung mit seinem persönlichen Wertesystem zu handeln. So wie sich dein Wertesystem weiterentwickelt, muss sich auch dein Handeln anpassen. Dann ist man zwar nicht mehr konsequent seiner Vergangenheit gegenüber, jedoch ist man konsequent gegenüber seiner eigenen Wahrheit.

Um genau zu verstehen, wie unsere Überzeugungen entstanden sind, müssen wir uns mal genauer anschauen, wie sich Glaubenssätze entwickeln. Ohne Meinung zu einem Thema beginnt man auf einem unbeschriebenen Blatt. Hat sich der Samen einer Überzeugung erst einmal eingepflanzt, sucht man immer mehr Beweise um diese Theorie weiter zu stärken. Auf dieselbe Art entstehen auch Vorurteile und Rassismus. Durch selektive Wahrnehmung wird die Liste der Beweise immer länger und länger. Alle Gegenbeweise werden mehr und mehr ausgefiltert und ignoriert. Umso länger die Liste ist, umso schwieriger wird es, zwischen Meinung und Wahrheit zu unterscheiden.

Durch die Beantwortung der Fragen sollten dir deine bisher unbewussten Überzeugungen klarer geworden sein.

SCHRITT 4 - GLAUBENSSÄTZE AUSTAUSCHEN

Es ist an der Zeit deine Glaubenssätze auszutauschen. Dafür formulierst du deine 5 negativen Glaubenssätze so um, dass sie das Gegenteil aussagen.

War also dein Glaubenssatz:
»Ich bin unattraktiv«

Heißt der neue Glaubenssatz:
»Ich bin attraktiv«

War dein Glaubenssatz:
»Nur durch Verzicht wird man reich«

Heißt der neue Glaubenssatz:
»Auch ohne zu verzichten, kann man reich werden«.

Suche dabei nicht immer nach dem logischen Gegenteil, sondern eher nach einem Glaubenssatz, der für dich auch akzeptabel klingt. War dein Glaubenssatz: »Ich bin unsportlich«, und du fühlst dich mit »Ich bin sportlich« nicht wohl, da das zu weit von deiner Wahrheit weg ist, dann formuliere eher einen Satz wie, »Ich bin genauso sportlich wie Millionen andere Menschen auch, und kann meinen Körper intensiv trainieren und besser werden.«

Schreib dir alle neuen Glaubenssätze auf und lass eine halbe Seite Platz um jeweils weitere Notizen dazu zu machen.

Suche nun für jeden deiner neuen Glaubenssätze mindestens vier Beispiele, die diese These beweisen. Am besten sind Beweise direkt aus deinem Leben. Hat dir jemand zu deinem Aussehen ein Kompliment gemacht? Hat dir mal jemand den Hof gemacht? Schon haben wir einen Beweis für »Ich bin attraktiv«. Stöbere in deinen Erinnerungen. Du wirst überrascht sein, was du alles findest. Findest du bei dir selbst keinen Beweis, suche nach Beweisen von anderen Menschen. In deiner Familie, deinem Freundeskreis, deiner Stadt oder im Internet. Dass »Reichtum nicht einsam macht«, wirst du in deinem Leben nur beweisen können, wenn du reich bist oder warst. Es gibt aber viele glückliche reiche Menschen, die trotz Reichtum nicht einsam sind und keinen verdorbenen Charakter haben. Finde sie. Schreib sie auf deine Liste.

Nimm dir vor, für deine neuen Glaubenssätze von nun an immer mehr Beweise zu sammeln. Mach diese zu deiner neuen Wahrheit. Je länger deine Listen sind, umso mehr werden sie dir helfen zu dir selbst zu finden.

Ab heute gilt für dich eine neue Wahrheit. Eine Wahrheit, die dich unterstützt deine Träume zu erreichen. Die neuen Überzeugungen werden das Beste aus dir herausholen. Der Wechsel auf deine neuen Glaubenssätze wird aber etwas Zeit brauchen. Lies dir regelmäßig deine neuen Glaubenssätze durch und schaue dir die Listen mit den Argumenten an, die für die neuen Glaubenssätze sprechen.

Das Helden Handbuch

DER RICHTIGE MOMENT IST IMMER JETZT!

»Wenn du wirklich etwas erreichen möchtest, starte bevor du bereit dafür bist.«

Fast alle Menschen haben große Pläne und Ziele. Die meisten warten jedoch ein Leben lang auf den richtigen Moment, um diese Pläne in die Tat umzusetzen. Solltest du zu diesen Menschen gehören, habe ich eine gute Nachricht für dich. Das Warten hat endlich ein Ende.

Der beste Moment etwas anzupacken ist immer jetzt.

Die Gründe für das Warten auf den richtigen Moment sind vielfältig. Das Ehepaar, das mit der Weltreise wartet, bis die Kinder groß sind. Der zukünftige Autor, der wartet, bis er genug Zeit am Stück frei hat, um an seinem Buch zu schreiben. Der Erfinder, der noch auf die ganz große Idee wartet, bevor er wirklich mit dem Experimentieren anfängt oder der Entrepreneur, der auf die perfekte Businessidee wartet, bevor er wirklich ein Unternehmen startet.

Konntest du dich in einem dieser Beispiele wiedererkennen? Was ist, wenn all diese Bedingungen niemals eintreten? Oder bis dahin schon jemand anderes das Buch geschrieben oder das Patent für deine Idee erhalten hat? Vielleicht hast du dann zum „richtigen Moment" gar kein Interesse oder keine Energie mehr, um deine Ziele in die Tat umzusetzen. Wenn du mit deiner Weltreise wartest, bis du alt bist, musst du hoffen, dass dein Zivildienstleistender bereit ist, deinen Rollstuhl durch den Dschungel von Nicaragua zu schieben. Wenn du überhaupt noch am Leben bist. Wenn du eine lange Strecke mit dem Auto zurücklegen musst, wartest du auch nicht, bis alle Ampeln auf der Strecke gleichzeitig auf Grün stehen, bevor du losfährst.

Um zu sehen, ob deine Ideen eine Chance haben Wirklichkeit zu werden, musst du beginnen, sie in die Tat umzusetzen. Und zwar jetzt! Die Welt verändert sich ständig und auch deine Ziele werden sich verändern, während du daran arbeitest. Daher ist es wichtiger sich auf den Weg zu begeben, als immer zu warten, bis alles perfekt ist. Morgen kann dein Ziel bereits ganz anders aussehen und das ganze Warten war umsonst oder beginnt von vorne. Wenn du erst einmal in Bewegung bist, ist es viel einfacher, die Richtung zu wechseln. Du musst einfach die Weichen anders stellen, und dein Zug fährt mühelos in eine andere Richtung weiter. Wenn der Zug stattdessen im Bahnhof steht und wartet, ist die Stellung der Weichen völlig egal. Er wird niemals irgendwo ankommen.

Starte jetzt!

LEUCHTE DIR DEN WEG

»Wer den Hafen nicht kennt, in den er segeln will, für den ist kein Wind ein günstiger.«

Ein klares Ziel zu haben, ist unerlässlich. Selbst wenn du nur ganz langsam Richtung Ziel gehst, wirst du schneller am Ziel sein, als jemand der nur umherirrt. Schon alleine deshalb, weil du wissen wirst, wann du angekommen bist.

Eines der wichtigsten Werkzeuge für Erfolg ist ein klar definiertes Ziel. Genau genommen kann man von Erfolg nur sprechen, wenn zuvor auch ein Ziel gesetzt wurde. Wenn sich etwas positiv verändert, ohne dass es zuvor als Ziel gesetzt war, sollte man eher von Glück oder Zufall sprechen als von Erfolg.

Da du Glück oder Zufall jedoch nicht planen kannst, macht es durchaus Sinn sich auf das zu konzentrieren, was du wirklich selbst in der Hand hast. Und um Erfolg planen zu können, muss der Endzustand klar definiert werden. Du musst eindeutig den Ort auf der Karte markieren, den du erreichen möchtest. Wenn du dann an diesem Ort angekommen bist, warst du erfolgreich.

Auch viele Unternehmen haben die Kraft von klaren Zielen erkannt. Nicht nur Vertriebsmitarbeiter bekommen heutzutage Individualziele, zum Beispiel in Form von Umsatzzielen gesetzt. Immer mehr Unternehmen definieren persönliche Quartals- oder Entwicklungsziele für jeden Mitarbeiter, die für das ganze

Unternehmen einsehbar sind. Dabei findet vor jedem Quartal ein intensiver abteilungsübergreifender Abgleich statt, um die nächsten großen Ziele für das Unternehmen zu definieren. Jedes persönliche Ziel unterstützt dann diese Unternehmensziele.

Nach der Übung zu deinen Glaubenssätzen solltest du ein klares Bild davon haben, was deine Lebensziele sind. Oft ist diese Art von Idealbild oder Traum aber viel zu ungenau. Wenn es dein Ziel ist, sportlicher zu sein, ist das Ziel viel zu unklar. Wann ist sportlich, denn sportlich genug? Etwas sportlicher als du jetzt bist? Oder doch die Teilnahme an Olympia? Wann ist das Ziel erreicht?

SPEZIFISCH UND MESSBAR

Umso klarer ein Ziel ist, desto einfacher wird es für dich herauszufinden, was getan werden muss, um es zu erreichen. Und umso einfacher ist es zu prüfen, ob es bereits erreicht ist. Daher kann ein Ziel nicht detailliert und spezifisch genug sein.

Schreibe dir also genau auf, was die Kriterien sind, die erfüllt sein müssen, damit dein Ziel erreicht ist. Wenn es dein Ziel ist, einmal reich zu sein, definiere genau, was das bedeutet. Wie viel Geld musst du dafür auf deinem Girokonto haben? Hast du eine Yacht? Ein Privatjet? Eine Villa? Einen Chauffeur? Einen Lamborghini? Vielleicht einen Butler? Oder ist es doch eher das abbezahlte Häuschen und genug Geld, um nicht mehr arbeiten zu müssen? Welches Auto fährst du dann? Mach deine Vision so klar und plastisch wie möglich. Sei dabei aber ehrlich zu dir selbst. Wenn du eigentlich insgeheim einen Lamborghini Aventador möchtest, dann schreib nicht einen Audi A3 auf. Steh zu deinem Traum. Du wirst dich nicht selbst an der Nase herumführen können. Dir selbst Bescheidenheit vorzuspielen wäre unsinnig.

Um dir noch klarer und detaillierter auszumalen, wie dein Zielzustand aussieht, solltest du dir ein Zieljournal erstellen. Lege dafür einen Ordner auf deinem Rechner an, in den du Bilder und Fotos speicherst. Die Bilder sollten dir so genau wie möglich zeigen, wie das Endergebnis deines Erfolgs aussehen wird.

Ist zum Beispiel dein Ziel einen muskulösen und durchtrainierten Körper zu haben, suche dir Fotos von genau so einem durchtrainierten Menschen und speichere sie in deinem Journal. Träumst du von einem Haus am See, dann mach dich auf die Suche nach Fotos von Häusern, die deiner Idealvorstellung sehr nahekommen, und lege sie in deinem Journal ab. Das Journal hilft dir, jedes Ziel genau zu visualisieren. Von fernen Ländern, bis zum Flug zum Mond, findet sich für jedes Ziel eine Visualisierung, die du deinem Journal hinzufügen kannst.

Dein Journal wird dir in Zeiten, in denen deine Motivation im Keller ist, immer wieder neue Kraft geben. Wenn du den Antrieb verlierst, für deine Ziele zu kämpfen, wirfst du einen Blick in dein Journal und tankst frische Motivation.

Durch das Journal und das Ausformulieren deines Ziels wird es **spezifisch** und **messbar**. Das sind zwei der wichtigsten Eigenschaften, die ein Ziel besitzen muss, um effektiv und motivierend zu sein. Doch ein Ziel braucht noch weitere Eigenschaften, um dein volles Potenzial entfesseln zu können.

ANSPRUCHSVOLL UND REALISTISCH

Wenn du dir als Ziel setzt, morgen joggen zu gehen, ist das sehr wahrscheinlich ein realistisch zu erreichendes Ziel. Jedoch ist dieses Vorhaben nur wenig anspruchsvoll. Es wäre außerdem nicht spezifisch genug, da keine Strecke, kein Ort und keine Geschwindigkeit vorgegeben sind. Ziele sollten groß genug sein, um sie als Herausforderung zu sehen. Und wenn es um die Ziele geht, die wir aus unseren Lebensträumen abgeleitet haben, sollten sie das Potenzial haben, dein Leben wirklich verändern zu können. Ich spreche hier gerne von »Moonshots«. In Deutsch könnte man diese Ziele auch »Mondlandungen« nennen. Ein Ziel, das eine wirklich große Herausforderung darstellt. Wenn die meisten deiner Mitmenschen daran zweifeln, dass du es schaffen wirst, dann ist das Ziel anspruchsvoll genug.

Jetzt kommt der knifflige Teil. Dein Ziel solltest du nämlich trotzdem nicht unrealistisch hoch setzen. Wenn du dir heute als Ziel setzt, morgen 3 Kinder zu haben, ist das nicht einmal mit Adoption möglich. Wenn du dir als Erwachsener das Ziel setzt, 15cm zu wachsen, wird das auch kaum möglich sein. Diese Beispiele sind natürlich offensichtlich.

Leider ist es nicht immer so klar, ob ein Ziel realistisch erreichbar ist oder nicht. Oft wird es schwer, ein sehr anspruchsvolles Ziel richtig einzuschätzen. Daher sollte im Zweifelsfall anspruchsvoll immer über realistisch gewinnen. Behalte aber im Hinterkopf, dass sich ein Ziel auch verändern darf. Wenn du feststellst, dass dein Ziel doch unrealistisch ist, ist es wichtig, es abzuwandeln.

Ziele dürfen sich ändern, solange sie weiterhin allen Eigenschaften von guten Zielen entsprechen.

Bevor du dein Ziel änderst, solltest du aber sicher sein, dass es so nicht erreichbar oder nicht mehr relevant ist. Sammle Beweise, die das klar belegen. Du musst verhindern, dass du dir ein schwieriges Ziel einfach nur aus Bequemlichkeit vom Hals schaffen möchtest, und du dich mit der Ausrede »Das kann man gar nicht schaffen« aus der Affäre stiehlst. Findet sich zum Beispiel ein anderer Mensch, der das Ziel bereits erreicht hat, solltest du an deinem Ziel festhalten.

Ein Ziel muss **anspruchsvoll** sein. Dabei ist es wichtig, dass es auch **realistisch** erreicht werden kann.

TERMINIERT

Die letzte Eigenschaft eines effektiven Ziels ist ein klarer Zeitraum, in dem es erreicht werden muss. Der Zeitraum ist oft die entscheidende Zutat, damit aus einem Vorhaben eine Aktion wird. Erst wenn klar ist, wann der Tag des Jüngsten Gerichts für dich und dein Ziel kommt, beginnt die Uhr zu ticken. Mit jedem Tag, der nun verstreicht, hast du weniger Zeit dein Ziel zu erreichen und deine Aufgabe wird schwieriger. Jede Stunde ohne Aktion macht ein Scheitern wahrscheinlicher.

Solange du deinen Zielen keinen Abgabetermin gibst, wird sich der Traum immer weiter nach hinten verschieben. Wie wir aber schon im Kapitel »Wir werden alle sterben« besprochen haben, ist unsere Lebenszeit zu kostbar um sie sinnlos verstreichen zu lassen. Ein Ziel ohne klare Terminierung bleibt in fast allen Fällen ein Traum, den wir niemals erleben werden.

Ein Ziel kann auch durch zu wenig Zeit unrealistisch werden. Allzu eng gesteckte Zeitpläne können deine Chance auf Erfolg, komplett zu Nichte machen. Nimm dir also die nötige Zeit, um auch eine realistische Chance zu haben, dein Ziel zu erreichen.

Wenn du dir jedoch zu viel Zeit lässt, verliert dein Ziel jeglichen Anspruch und du wirst nicht motiviert sein, daran zu arbeiten. Es bleibt ja noch genügend Zeit erst später damit zu starten.

Die letzte Eigenschaft für ein effektives Ziel ist also ein **terminiertes** Ende.

Man nennt dieser Art von Zielen, SMARTe Ziele. **S**pezifisch, **M**essbar, **A**nspruchsvoll, **R**ealistisch und **T**erminiert.

MEILENSTEINE

Du solltest dir jedes Ziel in kleine Teilschritte aufteilen. In sogenannte Meilensteine. Jedes Mal, wenn du an einem Meilenstein ankommst, hast du eine klare Bestätigung, dass du dich auf dem Weg zum Ziel voran bewegst. Zusätzlich ist ein Meilenstein eine gute Gelegenheit, um zu prüfen, ob das Ziel überhaupt noch wichtig ist und der eingeschlagene Weg auch zum gewünschten Ergebnis führt.
Meilensteine helfen dir, ein Ziel strategischer zu planen. Durch das Festlegen der einzelnen Schritte musst du dir zwangsläufig über eine sinnvolle Abfolge Gedanken machen. Da die Meilensteine aufeinander aufbauen, erhöhst du damit deine Erfolgschancen enorm, dein Gesamtziel zu erreichen.

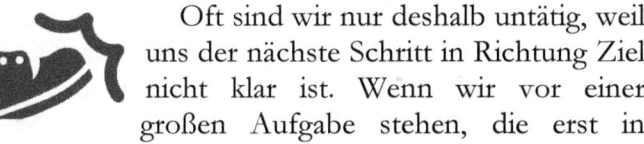

Oft sind wir nur deshalb untätig, weil uns der nächste Schritt in Richtung Ziel nicht klar ist. Wenn wir vor einer großen Aufgabe stehen, die erst in vielen Monaten und vielen Arbeitsstunden beendet sein wird, wissen wir oft gar nicht, wo wir anfangen sollen. Das Aufbrechen dieser großen Aufgabe in Meilensteine hilft uns dabei, uns erst einmal auf den wichtigsten Teilbereich zu fokussieren.

Nimm dir deine bereits definierten Lebensziele vor und mach daraus SMARTe Ziele. Schreibe sie auf und breche sie in mindestens 3 Meilensteine auf. Definiere für jeden Meilenstein, was bis wann erreicht sein soll.

IMMER VOR AUGEN

Wenn du nun ein SMARTes Ziel formuliert und es in Meilensteine heruntergebrochen hast, hast du schon einiges dazu beigetragen, dass du dein Ziel wirklich erreichen wirst. Leider verliert man seine Ziele im Alltag oft aus den Augen. Man hat dann zwar noch das Ergebnis im Kopf, jedoch werden die Gründe unscharf und die Motivation verliert an Stärke. Um zu vermeiden, dass dein Ziel an seiner Stärke einbüßt, solltest du dir das Endergebnis so häufig wie möglich vor Augen führen. Eine Technik um das zu tun ist die GoalCard.

Eine GoalCard ist eine kleine Karte im Scheckkartenformat, auf der du mit wenigen Worten dein Ziel festhältst. Formuliere dein Ziel so, dass alle wichtigen SMARTen Eigenschaften enthalten sind. Am besten erstellst du dir gleich mehrere Kopien der Karte. Eine Karte trägst du immer bei dir. Dadurch kannst du dir jederzeit dein wichtigstes Ziel noch einmal vor Augen führen. Eine andere Karte platzierst du an deinem Bett. Eine weitere sollte an einem Ort sein, an dem du dich tagsüber viel aufhältst.

Stelle sicher, dass du deine GoalCard mindestens einmal am Tag liest. Wenn du alleine bist, liest du sie am besten laut vor. Die Wörter auf deiner Karte sollen sich in deinem Unterbewusstsein tief verankern.

Schreibe deine GoalCard unbedingt von Hand. Das Aufschreiben des Ziels hilft dir dabei, es zu verinnerlichen. Beim Lesen ist die handschriftliche Notiz eine klare und persönliche Nachricht von dir an dich selbst.

Damit deine Karten länger halten, empfiehlt es sich, sie zu laminieren.

Mit einer GoalCard visualisierst du dein Ziel schriftlich. Durch das häufige Lesen der Karte verankerst du dein Ziel auditiv. Eine weitere hilfreiche Methode um dein Ziel zu festigen, ist es Bilder und Fotos aufzuhängen, die das Endergebnis visuell zeigen. Du hast ja in deinem Zieljournal bereits Fotos gesammelt. Wenn nicht, dann ist es jetzt allerhöchste Zeit das Journal anzulegen.

Drucke dir die besten Fotos und Bilder aus und hänge sie an einem Ort auf, an dem du täglich bist. Ein guter Platz ist zum Beispiel direkt im Badezimmer neben dem Spiegel. Je nach Ziel gibt es oft auch andere passende Orte. Wenn es dein Ziel ist, einen durchtrainierten Körper zu haben, dann platziere ein Foto von deinem Traumkörper direkt auf der Schranktür, hinter der sich deine Süßigkeiten-Vorräte verstecken. Alternativ klebst du das Foto auch auf den Kühlschrank. Dadurch wirst du immer an dein Ziel erinnert, wenn du einen schwachen Moment hast. Bei mir hat genau diese Technik so gut funktioniert, als hätte ich ein Schloss am Süßigkeiten-Schrank angebracht. Das Foto absichtlich zu ignorieren und den Schrank zu öffnen wiederstrebte mir so sehr, dass ich ihn seither nicht mehr geöffnet habe.

Wenn du deine Faulheit besiegen möchtest, platziere die Fotos nicht an deinem Arbeitsplatz, sondern hänge sie an deinen Fernseher oder an dein Sofa. Wichtig ist, dich in den Momenten zu erinnern, in denen du Gefahr läufst, gegen deine Ziele zu arbeiten.

Suche auch nach Menschen, die dein Ziel bereits erreicht haben. Folge ihnen auf Social-Media Seiten, recherchiere ihren Werdegang und wie sie es geschafft haben. Wenn möglich, nimm auch persönlichen Kontakt auf und stell Fragen über alles, was dir auf dem Weg zu deinem Ziel im Moment noch unklar ist. Im besten Fall kannst du diese Person sogar als Mentor gewinnen. Wenn dir das gelingt, hast du dir einen Raketenantrieb in Richtung Ziel zugelegt. Der schnellste Weg Millionär zu werden ist, von Milliardären zu lernen. Denn die haben das schon 1000 Mal gemacht.

Suche dir aber ein Vorbild, mit dem du dich auch moralisch identifizieren kannst. Wenn ein Mensch zwar dasselbe Ziel erreicht hat, aber auf dem Weg dorthin Dinge getan hat, die für dich verwerflich, unmoralisch oder auf andere Art nicht mit deinen Wertvorstellungen übereinstimmen, ist diese Person für dich als Vorbild absolut ungeeignet. Du läufst dann Gefahr, zu der Überzeugung zu kommen, dass du dein Ziel nur erreichen kannst, wenn du deine Werte verrätst. Nimm dir diese Person ausschließlich als Ansporn, um zu zeigen, dass es auch andere vertretbare Wege zum selben Ziel gibt. Aber für fast alle Ziele lässt sich jemand finden, der einen Weg gegangen ist, der dich inspiriert und der dir als Vorbild dienen kann.

Du wirst auf deinem Weg nicht immer nur nach vorne gehen. Dein Weg wird regelmäßig auch Rückschläge für dich bereithalten. Sehe diese Situation als Chance an, um daraus zu lernen und daran zu wachsen. Alles, was schiefgeht, gibt dir die Möglichkeit zu lernen. Das ist das wertvollste Wissen, das du bekommen kannst. Genau auf diesen Rückschlägen baut sich deine Erfahrung auf. Lerne diese Situationen als wichtigen und notwendigen und unumgänglichen Bestandteil deines Weges zu schätzen.

Bei jedem Rückschlag solltest du dich also fragen: Was kann ich daraus lernen? Danach orientierst du dich wieder neu, klopfst den Staub ab und geht direkt wieder einen positiven Schritt in Richtung Ziel.

Um das mit einem konkreten und einfachen Beispiel zu erklären, bemühen wir noch einmal das Abnehmen. Solltest du dir in einem schwachen Moment zu viele Kalorien reingeschaufelt haben, versuche zu verstehen, warum es dazu gekommen ist. Hast du vielleicht zu lange nichts gegessen? Solltest du dir öfter mal eine Kleinigkeit gönnen, um diese Attacken in Zukunft zu vermeiden? Hast du falsche Nahrungsmittel gegessen, die dich nicht lang genug satt gemacht haben? Versuche daraus zu lernen und experimentiere herum. Leite dir ein klares Vorhaben ab. Verändere etwas. Verrückt wäre es, immer das Gleiche zu tun, und unterschiedliche Ergebnisse zu erwarten.

Danach streiche den Vorfall aus deinen Gedanken. Dein nächster Schritt sollte jetzt unbedingt ein positiver sein. Also schnapp dir bei deiner nächsten Mahlzeit eine Portion Obst oder Gemüse. Oder mache gleich eine Runde Sport. Setze direkt ein Zeichen um dich wieder in Richtung Ziel auszurichten. Wenn du bei einem kleinen Schritt zurück immer gleich wieder einen Schritt nach vorn anschließt, wirst du dich durch einen Rückschlag niemals schlecht fühlen.

Das Helden Handbuch

ACHTUNG! ENDE DER KOMFORTZONE!

»Der Weg zum Erfolg beginnt da, wo deine Komfortzone endet!«

Jeder Mensch hat die freie Wahl alles zu tun, was das Leben hergibt. Doch in Wirklichkeit setzen wir uns unbewusst enge Grenzen, in denen sich unser Handeln bewegt.

Es gibt viele Dinge in deinem Leben, die du machst, ohne viel darüber nachdenken zu müssen. Du bist dabei nicht nervös oder gestresst. Du machst dir keine Gedanken darüber, was passieren könnte, wenn es schiefgeht. All diese Dinge bist du gewohnt, du hast sie vollkommen unter Kontrolle und du fühlst dich komfortabel.

Willkommen in deiner Komfortzone.

Die meisten Menschen bewegen sich ausschließlich in diesem kleinen Universum.

Leider hat die Komfortzone zwei entscheidende, wenn auch nicht ganz offensichtliche Nachteile. Der erste Nachteil ist, dass wir in der Komfortzone keine neuen Erfahrungen sammeln. Wir lernen nicht mehr dazu. Um jedoch die aktuelle Situation verbessern zu können, müssen wir uns verändern und dazulernen. Da wir in der Komfortzone nur Dinge tun, die wir schon kennen und die für uns keinerlei Neues bedeuten, sind wir dort auf ewig im Status Quo gefangen.

Der zweite Nachteil macht die Situation leider noch

etwas schlimmer. Umso länger wir uns in der Komfortzone aufhalten, umso kleiner wird sie. Tag für Tag schrumpft dein Universum ein kleines bisschen und die Grenzen ziehen sich enger um dich. War es zum Beispiel früher einmal kein Problem, wenn deine Lehrerin dich aufgefordert hat, vor der ganzen Klasse an der Tafel zu rechnen, ist eine ähnliche Situation nach vielen Jahren ohne vor anderen Menschen geprüft zu werden bereits sehr unangenehm und verursacht Stress. Wenn du dich dieser Situation lange Zeit entziehst, schrumpft deine Komfortzone.

Stellen wir uns die Komfortzone einmal wie ein Eidotter vor. In diesem beschützten Bereich fühlen wir uns aufgehoben und weich gebettet. Der Eidotter ist bekanntlich von Eiweiß umgeben. Dieser Bereich ist die Wachstumszone. In diesem Bereich können wir dazu lernen, neues Erleben und unserem Horizont erweitern. Noch weiter außerhalb kommt die dünne Eierschale. Verlassen wir diese Schicht, verlassen wir die Wachstumszone und gelangen in die Panikzone. Befinden wir uns in dieser Zone, schaden wir uns selbst. Ein Dazulernen ist nur noch schwer möglich und wir sind weit außerhalb des Bereichs, mit dem wir noch umgehen können. Ein extremes Beispiel wäre es, wenn du morgen ein Klavierkonzert im Madison Square Garden geben oder eine Herz-OP durchführen müsstest.

Es gibt viele Menschen, die ihre Komfortzone so weit schrumpfen ließen, dass schon das Verlassen des eigenen Hauses in der Wachstumszone liegt. Das Sprechen mit fremden Menschen ist dann häufig bereits in der Panikzone. Daher ist es wichtig, dass du dich jeden Tag in der Wachstumszone aufhältst. Nur dann entwickelst du dich weiter, und verbesserst deine aktuelle Situation.

Die Wachstumszone erkennst du daran, dass dir die aktuelle Aufgabe etwas Stress bereitet und du dich überwinden musst. Es fühlt sich herausfordernd an und du bist dir nicht sicher, wie das Ergebnis sein wird. Umso näher du der Panikzone kommst, umso intensiver wird das Gefühl. Wenn du mit einem Bungee-Seil an den Füßen am Abgrund stehst, sagt dir dein Körper ganz genau, dass du dich in der Wachstumszone befindest. Für manche auch bereits in der Panikzone.

Wenn du jetzt sofort spüren willst, wie sich der Wechsel in die Wachstumszone anfühlt, geh in dein Badezimmer, stell die Duschen auf kalt und stell dich darunter. Die Grenze, die du hier überwinden musst, ist die Grenze deiner Komfortzone.

Gründe, warum wir in der Komfortzone stecken bleiben gibt es viele. Einer der häufigsten ist Bequemlichkeit. Es kostet nur wenig Energie immer nur Dinge zu tun, die wir bereits kennen und die wir vollkommen unter Kontrolle haben. Viele Dinge sind Routine und werden nahezu vollautomatisch ausgeführt. Sobald wir hier etwas ändern, kostet das viel Aufwand und Mühe.

Ein weiterer Grund ist Angst. Wir haben mehr Ängste als uns bewusst ist. Höhenangst, Angst vor dem Zahnarzt, Angst vor dunklen Räumen sind alles bekannte und weitverbreitete Ängste. Stark ausgeprägte Ängste, die der Situation nicht mehr angemessen sind, bezeichnet man als Phobien. Eine Phobie versetzt einen bei der Konfrontation mit der Situation sofort in die Panikzone.

Daher muss diese Art von Störung auch professionell psychologisch behandelt werden. Bei normal ausgeprägten Ängsten ist es wichtig, sich ihnen regelmäßig zu stellen und dadurch die Komfortzone zu verlassen.

Du solltest dich aktiv in Situationen bringen, die dich aus deiner Komfortzone holen. Schreibe dir am besten einmal auf, welche Dinge dir schwerfallen. Sprechen vor großen Gruppen, der Besuch im Schwimmbad, das Ansprechen von fremden Menschen, das klärende Gespräch mit einem alten Freund nach langer Funkstille, der erste Bungeejump, das Gehaltsgespräch mit dem Chef und vieles mehr. Hier hat jeder Mensch seine eigenen Herausforderungen. Pack sie an. Egal wie es ausgeht, du wirst davon profitieren, da sich deine Komfortzone erweitert. Setz dich regelmäßig Situationen aus, die außerhalb deiner Komfortzone sind. Beachte dabei aber, dass du dir auch immer wieder eine Pause gönnst. Ähnlich wie beim Ausdauer- und Muskeltraining brauchst du Erholungspausen, in denen das eigentliche Wachstum stattfinden kann. Das Training setzt den Wachstumsreiz, der dann in der Trainingspause zu Wachstum führt. Wenn du dich pausenlos außerhalb deiner Komfortzone befindest, wird sich deine Komfortzone viel langsamer erweitern und du rutscht schnell in die Panikzone ab.

Um dir den Schritt aus der Komfortzone leichter zu machen, kann dir oft eine Worst-Case-Analyse helfen. Damit findest du heraus, was im schlimmsten Fall passieren kann. Male dir also das schlimmste Szenario aus, das passieren kann, wenn du eine bestimmte Sache tust. Danach überlegst du, wie wahrscheinlich es ist, dass dieses Szenario eintritt. Versuche ungefähr eine

Wahrscheinlichkeit in Prozent anzugeben.

Nehmen wir als Beispiel, das Gehaltsgespräch mit deinem Chef. Das Worst-Case-Szenario wäre, dass du deinen Job verlierst. Wie wahrscheinlich ist das? Das hängt natürlich vom Chef ab, jedoch würde ich mal behaupten bei den meisten Menschen ist das Risiko irgendwo zwischen 0,1% und 1%.

Das etwas wahrscheinlichere negative Szenario ist, dass dein Chef ablehnt. Das ist zwar nicht schön, aber schadet dir auch nur bedingt. Die Wahrscheinlichkeit liegt hier aber höher. Vielleicht zwischen 30% und 70%. Damit bleiben für die Gehaltserhöhung noch Erfolgschancen zwischen 30% und 70% übrig. Nach dieser Risikoabschätzung würde ich zu dem Schluss kommen, dass die Erfolgswahrscheinlichkeit im Vergleich zur Wahrscheinlichkeit für das Worst-Case Szenario deutlich überwiegt. Also macht es durchaus Sinn sich hierfür aus der Komfortzone zu bewegen.

Mit dieser kurzen Analyse kannst du dir immer schnell die Fakten vor Augen führen, bevor du eine Entscheidung triffst. Dadurch wird es dir deutlich leichter fallen, deine Komfortzone öfter zu verlassen. Häufig sind die Bedenken unbegründet und das Worst-Case-Szenario völlig überbewertet. Die Analyse hilft dir, das zu erkennen.

Prüfe, ob dein Freundeskreis und deine Arbeitsumgebung dich eher blockieren, oder dir helfen, deine Komfortzone zu verlassen. Es ist wichtig, dass du dich mit Leuten umgibst, die dich fordern und dir helfen öfter in die Wachstumszone zu kommen. In deinem Freundeskreis solltest du nach Menschen Ausschau halten, die die Dinge bereits in ihre Komfortzone aufgenommen haben, die für dich noch eine

Herausforderung darstellen. Sollten deine Freunde eine noch kleinere Komfortzone haben als du, hilf ihnen ihre Komfortzone zu erweitern und suche dir weitere Freunde, die dir helfen können, deine Komfortzone zu erweitern.

Auch dein Arbeitsumfeld solltest du so gestalten, dass es dich fordert und regelmäßig deine Komfortzone erweitert. Ist das in deinem aktuellen Job nicht der Fall, solltest du etwas unternehmen, um die Situation zu verbessern. Der größte Schritt wäre dabei der Wechsel in ein anderes Unternehmen. Vielleicht gibt es auch eine andere Abteilung, in der du mehr Wachstumsmöglichkeiten hast? Oft hilft schon ein offenes und ehrliches Gespräch mit dem aktuellen Vorgesetzten. Die Bereitschaft zu signalisieren sich weiter entwickeln zu wollen hinterlässt immer einen guten Eindruck. Diese Bitte um Hilfe schlägt ein Vorgesetzter selten aus.

HUNGERE DEIN MONSTER AUS

»Du musst nur 5 Minuten damit anfangen! Mehr braucht es meist nicht, um deinen Schweinehund zu besiegen.«

Einer der größten Feinde des Erfolgs ist das Aufschieben. Vielen auch als Aufschieberitis oder Prokrastination bekannt.

Unter Prokrastination versteht man das ständige Verschieben und Aufschieben von anstehenden Tätigkeiten auf einen späteren Zeitpunkt. Dabei wird die Zeit oft stattdessen mit völlig unsinnigen Tätigkeiten verbracht.

Wer unter ausgeprägter Prokrastination leidet, hat oft ein ernsthaftes Problem. Oft entstehen durch das Aufschieben die absurdesten Situationen. Der Flieger geht in 2 Stunden und die Koffer sind noch nicht gepackt. Stattdessen hat man bis zur letzten Minute noch im Internet einen Artikel gelesen, der untersucht ob im Weltraum die Haare schneller wachsen als auf der Erde, oder ob Spiderman gegen Batman in einem Kampf gewinnen würde. Die Abgabe der Abschlussarbeit ist in zwei Tagen fällig und es ist noch nicht eine Zeile geschrieben. In 45 Minuten trifft der lang angekündigte Besuch ein, aber die Wohnung sieht aus, als hätte eine Bombe eingeschlagen.

Es gibt viele verräterische Verhaltensweisen, die ein Aufschieber nur zu genüge kennt:

- Du gehst wieder und wieder zum Kühlschrank, um zu sehen, ob jetzt eventuell etwas Anderes darin ist als vor 10 Minuten.
- Du schaust dir alle 1000 Facebook Fotos von Menschen an, mit denen du eigentlich nichts zu tun hast.
- Du klickst im Sekunden Takt auf den »Refresh« Button oder rufst wieder und wieder deine Emails ab.
- Du verlierst dich in ausschweifenden Fantasien darüber, wie das Endergebnis von der Sache aussieht, an der du gerade arbeitest, statt an ihr zu arbeiten.

Wenn du diese oder eine ähnliche Situation kennst, dann habe ich schlechte Nachrichten für dich. Du leidest an Prokrastination.

Um die Prokrastination verstehen und beheben zu können, ist es hilfreich, eine kleine Geschichte zu bemühen. Mit etwas Fantasie wird es viel einfacher, die Zusammenhänge zu verstehen und Lösungen zu finden.

Also lassen wir uns nun einmal auf eine Geschichte ein, von einem Monster namens Prokrastinator. Es lebt tief in dir und ernährt sich von Faulheit und davon, dass du dich immer direkt belohnst, ohne eine Leistung erbracht zu haben. Immer wenn du es mit unproduktiven Tätigkeiten fütterst, wächst es ein kleines bisschen. Wenn es eine Weile nichts zu essen bekommt, wird es etwas kleiner.

Prokrastinator versucht ständig, das Steuer in deinem Kopf zu übernehmen. Wenn du denkst, es ist die richtige Zeit gekommen ein paar Dinge zu erledigen, flüstert dir

Prokrastinator stattdessen Alternativen ins Ohr, die es nun viel lieber tun würde. Statt also am PC wirklich zu arbeiten, versucht Prokrastinator dich auf YouTube zu ziehen, um ein paar Filme anzuschauen. Häufig beginnt es noch mit einem Video, aus dem man etwas lernen kann. Ist ja gut für das Allgemeinwissen. Danach bringt es dich dazu auf ein vorgeschlagenes Video über witzige Tierbabys zu klicken, und ehe du dich versiehst, schaust du Interviews mit Schlagerstars und ihr Leben auf Mallorca.

Prokrastinator interessiert sich ausschließlich für das jetzt. Es lernt nicht aus der Vergangenheit und es kümmert sich nicht um die Zukunft. Es geht ganz alleine darum, den aktuellen Moment so unkompliziert wie möglich zu gestalten. Wenn es keine Lust mehr hat, Sport zu machen, will es sofort aufhören. Dadurch wird das Jetzt sofort von einem unangenehmen in einen angenehmen Zustand geändert. Die Konsequenzen und positiven Effekte auf die Zukunft sind für Prokrastinator uninteressant.

Leider ist bei vielen Menschen das Monster bereits zu stattlicher Größe herangewachsen. Unsere Vernunft hat dieser Übermacht dann nicht mehr viel entgegenzusetzen. Mit jeder Entscheidung die Prokrastinator für uns trifft fühlen wir uns schlechter und schlechter und unser Monster wächst weiter.

Es navigiert uns dabei an einen Ort, den ich »den spaßfreien Spielplatz« nenne. Diesen Ort kennt jeder, der an Aufschieberitis leidet. Es ist ein dunkler Ort, an dem du aber all das machen kannst, was dir normalerweise Spaß macht. Leider bereitet dir aber keine der Sachen dort wirklich Spaß, da dein Gewissen geplagt von

Schuldgefühlen, Besorgnis und Selbsthass, den unverdienten Spaß nicht genießen kann. Während du also Dinge tust, die dir eigentlich Freude bereiten sollten, ärgerst du dich darüber, dass du nichts Produktiveres tust und versinkst in Schuldgefühlen. Damit wird sogar die spaßigste Unternehmung zu einer Enttäuschung für dich, da du sie nicht genießen kannst. Auf dem »spaßfreien Spielplatz« gewinnt keiner. Nicht du und auch nicht dein Monster.

Um überhaupt jemals wieder von diesem trostlosen Ort verschwinden zu können, benötigst du Hilfe. Und dein Retter in der Not heißt »Captain Panik«!

Captain Panik ist, wie es sich für einen Superhelden gehört, die meiste Zeit nicht auffindbar. Doch er taucht immer dann auf, wenn Abgabefristen ganz kurz bevorstehen oder andere schwerwiegende Konsequenzen drohen. Captain Panik hat die Kraft Prokrastinator für eine Weile komplett zu verscheuchen. Solange er da ist, versteckt sich dein Monster und du kannst ungestört das Ruder übernehmen. Dadurch findest du dich plötzlich in Situation wieder, in denen du die ganze Nacht durcharbeitest, obwohl du monatelang keinen einzigen Satz aufs Papier gebracht hast. Oder du stehst plötzlich täglich im Fitnessstudio, um dich völlig zu verausgaben, weil du vor deinem Sommerurlaub doch noch ein paar Pfunde verlieren musst.

Wenn du zu dieser Variante Menschen gehörst, hast du noch Glück. Es gibt auch Menschen, die genauso viel Angst vor Captain Panik haben, wie ihr eigenes Monster. Wann immer Captain Panik auftaucht, verkriechen sie sich zusammen mit Prokrastinator irgendwo und warten, bis die Situation vorbei ist. Dieses selbstzerstörerische

Verhalten führt dann häufig zu wirklich negativen Konsequenzen, wie Kündigungen, nicht bestandene Prüfungen und andere Katastrophen.

Sich auf dem spaßfreien Spielplatz aufzuhalten, ist Verschwendung von kostbarer Lebenszeit, die man stattdessen mit zufriedenstellenden wohlverdienten Dingen verbringen könnte. Und der Besuch von Captain Panik ist niemals eine schöne Erfahrung, da er nur auftaucht, wenn es wirklich ernst wird. Durch das Aufschieben kommt man nie dazu, sein volles Potenzial auszuschöpfen und wird immer hinter seinen Möglichkeiten zurückbleiben. Man schafft es zwar meistens die Pflichtaufgaben erledigt zu bekommen, doch die Wünsche und Ziele, die großen Dinge, die man erreichen möchte, bleiben häufig ein Traum.

WIE KANNST DU DIESES ÜBERMÄCHTIGE MONSTER DENNOCH BESIEGEN?

Um eine Schlacht wie diese gewinnen zu können, benötigst du eine Strategie. Wir haben es mit einem übermächtigen und furchteinflößenden Gegner zu tun, den wir nicht mit reiner Willenskraft besiegen können. Mit Selbstdisziplin und dem Umgewöhnen einer schlechten Angewohnheit ist es einfach nicht getan. Wer es damit versucht, unterschätzt seinen Gegner auf fatale Weise.

Durch die vielen Jahre, die meist gezeichnet von verlorenen Schlachten gegen das Monster bereits vergangen sind, ist in dir die innere Wahrheit gewachsen, dass du es zwar versuchen kannst, aber am Ende Prokrastinator wieder gewinnen wird. Nachdem wir also mit der alten Taktik nicht punkten konnten, wird es nun Zeit für eine neue.

Unser Gegner ist im Moment noch stärker als wir. Das heißt, dass wir mit einem Kraftakt alleine nicht weit kommen. Wir müssen Schritt für Schritt vorgehen. Wir müssen Prokrastinator nach und nach aushungern, um es auf eine beherrschbare Größe zu reduzieren. Dabei brechen wir eine Aufgabe in so kleine Teile auf, dass unser Monster nahezu keinen Widerstand leistet. Mit jedem umgesetzten Stück Arbeit haben wir Prokrastinator ein kleines bisschen geschrumpft und unsere Chancen für den nächsten Schlag verbessert.

PLANEN

Dieser Schritt ist noch einfach, da unser Monster hier noch nicht rebelliert. Planen involviert ja erstmal nicht das Umsetzen der Aufgabe. Wir sind noch nicht wirklich produktiv. Dadurch lässt uns Prokrastinator erstmal größtenteils in Ruhe. Wenn wir Pläne machen, unterstützt uns unser Monster sogar, da es davon ausgeht, dass wir die neuen Pläne so wahrscheinlich nie umsetzen werden. Stattdessen versucht uns Prokrastinator, in eine neue Art der Aufschieberitis zu führen. Die Informationsprokrastination. Statt wirklich etwas zu erledigen, spielen wir uns nur vor produktiv zu sein. In Wirklichkeit recherchieren wir jedoch stundenlang Informationen, die wir erstmal gar nicht benötigen, schauen Videos, lesen Bücher und verlieren uns in ewiger Informationsbeschaffung. Dabei belügen wir uns selbst, da wir am Ende eines arbeitsreichen Tages unserem Ziel keinen Schritt nähergekommen sind. Sei dir also über diese Falle bewusst und lass dich davon nicht verführen.

Um effektiv planen zu können, musst du eine priorisierte Liste mit klaren, kleinen Aufgaben erstellen. Das haben wir ja bereits in Kapitel »Leuchte dir den Weg« genauer untersucht.

Es ist unabdingbar, dass du deine Aufgaben nach Wichtigkeit sortierst. Am Ende muss ganz oben eine einzige kleine Aufgabe stehen. Das ist der Gewinner, der als Erstes erledigt wird. Im besten Fall dauert diese Aufgabe nur 5 Minuten. Danach darf Prokrastinator wieder meckern, aber diese 5 Minuten gehören erstmal dir. Ist die Aufgabe erledigt, wird es dir viel leichter fallen, die nächsten 5 Minuten zu investieren. Und das aller Beste ist das positive Gefühl, wieder etwas Wichtiges erledigt zu haben und einen Schritt weiter zu sein. Genieße es.

Manchmal kann es hilfreich sein, die Aufgaben in der folgenden Tabelle zu kategorisieren.

	wichtig	unwichtig
dringend	1	3
nicht dringend	2	4

Alle Aufgaben, die in Feld 1 landen, sollten ganz oben in der Liste stehen. Danach ist es sinnvoll, dass du die Aufgaben von Feld 3 angehst. Die Aufgaben in Feld 2 haben noch geringere Priorität und Feld 4 setzt du einfach gar nicht um.

Oft schieben wir eine Aufgabe nur auf, weil uns nicht klar ist, was wir als Erstes tun müssen. Nimm dir also deine wichtigste Aufgabe oben von der Liste und zerlege sie in kleine Teilaufgaben. Fehlt dir zum Start an der Aufgabe noch eine Information, ist die erste Teilaufgabe, genau diese Information zu beschaffen. Frage dich immer, was ist der aller erste Schritt, der getan werden muss? Manchmal gibt es mehrere Wege eine Aufgabe zu starten. Wenn du dich nicht entscheiden kannst, welcher Weg der bessere ist, und du keine klaren Vor- und Nachteile siehst, nimm den ersten Weg, der dir eingefallen ist. Hauptsache du beginnst damit.

Diese Methode ist ja nicht gerade Raketenwissenschaft. Und trotzdem scheitern so viele Menschen daran. Aber genau das ist der Weg, um große

Projekte umsetzten zu können. Wenn du ein Haus bauen willst, kannst du zwar über das schöne Endergebnis fantasieren. Im Endeffekt musst du aber Stein auf Stein legen und die einzelnen Schritte nacheinander angehen, um irgendwann das komplette Haus vor dir zu sehen. Der Trick ist, sich immer auf den nächsten Stein zu konzentrieren. Tag für Tag. Irgendwann ist das Haus dann fertig.

Das Leben von produktiven Menschen ist oft zu 98% identisch mit dem Leben der Menschen, die nichts oder wenig erreichen. Doch während der erfolgreiche Mensch jeden Tag ein paar Schritte in Richtung Ziel geht, erledigt der andere nichts. Ein paar Zeilen am Tag machen nach einem Jahr ein ganzes Buch.

Die gute Nachricht ist, dass man jedes Mal nur einen kleinen Schritt gehen muss. Es ist keine gewaltige Aufgabe mehr, die es zu bezwingen gilt. Man hat ein klares und machbares Ziel vor sich. Und unser Monster ist weitaus weniger aggressiv, wenn es weiß, dass wir die Zeitverschwendung nur kurz unterbrechen, um diese eine kleine Aufgabe zu erledigen. Es wird danach etwas einfacher sein, die nächste Aufgabe anzugehen.

Jetzt ist der Zeitpunkt gekommen, dir einen Plan zu machen! Lege das Buch beiseite und starte!

UMSETZEN

Während du dir eine Aufgabe in deinen Terminkalender einplanst, freust du dich wahrscheinlich sogar darauf. Bei der Vorstellung, wie wir die Aufgabe erledigen werden, vergessen wir fast immer, dass unser Monster existiert. Wenn wir die Aufgabe aber tatsächlich angehen, übernimmt Prokrastinator das Ruder und wir stehen vor dem alt bekannten Problem. Überraschenderweise spielt unser Monster in unserer Projektion der Zukunft häufig keine Rolle. Daher sehen wir uns in unseren Gedanken die produktivsten Dinge tun, Nächte durcharbeiten und ganze Aufgabenberge erledigen. Wenn es dann so weit ist, ruiniert Prokrastinator leider wieder alles.

Der schwierigste Teil, um mit der Umsetzung einer Aufgabe beginnen zu können, ist es den Ausgang aus dem spaßfreien Spielplatz zu finden. Der einzige Weg, der aus dem spaßfreien Spielplatz herausführt, ist ein schmaler sehr steiler Weg. Nennen wir ihn passenderweise Kampfweg. Dieser Weg führt zu einem Ort den wir Zufriedenheitspark nennen. Wenn du im Zufriedenheitspark angekommen bist, fühlt sich das Entspannen und unproduktiv sein, überhaupt nicht schlecht an, da es verdient ist und du dafür zuvor etwas erledigt hast. Alles was du auf dem spaßfreien Spielplatz gemacht hast, kannst du hier nun wirklich genießen. Im Zufriedenheitspark gibt es kein schlechtes Gewissen und keinen Erledigungsdruck. Klingt das für dich verführerisch? Dann wirst du noch mehr von der Schnellstraße angetan sein, auf die du manchmal am Ende des Kampfwegs abbiegen kannst. Diese Schnellstraße heißt Flow. Wenn du dich einmal darauf befindest, fühlt sich das Arbeiten nicht mehr wie Arbeit an. Du vergisst deine Umgebung und arbeitest voll konzentriert, hoch produktiv und mit Spaß eine Aufgabe nach der anderen ab. Der Flow ist quasi das Nirvana der Produktivität.

Leider haben nur wenige Menschen, die an Aufschieberitis leiden, den Flow oder den Zufriedenheitspark je zu Gesicht bekommen. Gelegentlich gehen sie ein paar Schritte auf dem richtigen Weg, um dann bald wieder irgendetwas anderes zu tun. Nur Captain Panik hat die Kraft sie auf dem Kampfweg zu halten, bis eine Aufgabe erledigt ist. Leider führt der Weg in diesem Fall aber stattdessen in einen Zustand der gemischten Gefühle und der Erschöpfung. Da zwar etwas erledigt ist, aber unter enormem Zeitdruck und definitiv nicht in ausreichender Qualität.

Um also ein glücklicheres Leben führen zu können, müssen wir lernen für unsere Aufgaben den richtigen Weg durch diese Bereiche zu finden. Unser erster Schritt ist es rechtzeitig den Eingang zum Kampfweg zu finden. Genau jetzt ist unser Monster am aktivsten und versucht uns, mit aller Kraft im spaßfreien Spielplatz zu halten. Der Kampfweg ist sehr steil und wir werden immer wieder auf Hindernisse stoßen. Immer wenn eine Aufgabe schwierig wird, ist die Gefahr groß, dass wir uns von unserem Monster ablenken lassen. Mach dir bewusst, dass es keinen Unterschied macht, ob du dich auf dem spaßfreien Spielplatz befindest oder auf dem Kampfweg. Beide Orte machen keinen Spaß.

Statt einen steilen Weg, kannst du dir auch einen

Raketenstart vorstellen. Um die Rakete in Bewegung zu versetzen, benötigst du Unmengen an Energie. Zusätzlich zur Massenträgheit ist am Anfang auch die Erdanziehungskraft am größten. Umso weiter die Rakete von der Erde weg ist, umso geringer ist die Anziehungskraft. Zusätzlich hat sie dann auch eine deutlich höhere Geschwindigkeit.

Wenn du dich jetzt also eine Weile auf dem Kampfweg quälst und ein paar Dinge erledigt bekommst, passiert etwas Tolles. Ein Gefühl von Freude und Zufriedenheit macht sich breit und dein Monster beginnt, sich zu beruhigen. Nun kommst du bald an einen Punkt, an dem auch dein Monster erkennt, dass der Zufriedenheitspark in Sicht ist. Ab diesem Moment arbeitet ihr gemeinsam auf ein Ziel zu, und es wird deutlich einfacher voranzuschreiten. Manche sagen auch, die Motivation kommt erst beim Tun, nicht davor. Bevor du eine Aufgabe angehst, wirst du selten wirklich motiviert sein. Erst wenn du die ersten Hürden geschafft hast und du den Fortschritt sehen kannst, setzt die Motivation ein.

Wenn deine Aufgabe erledigt ist, werden du und dein Monster nach langer Zeit das erste Mal wieder einer Meinung sein. Du kannst tun, nach was dir ist und wirst kein schlechtes Gewissen haben. Diesen Moment hast du dir verdient.

Das Unangenehme ist leider, dass Prokrastinator ein furchtbar schlechtes Gedächtnis hat. Wenn du heute dein Kampf gewonnen hast, musst du leider schon morgen wieder von vorne anfangen. Zwar ist der entgegengebrachte Widerstand etwas geringer, aber es vergehen viele Monate, bis es dir wirklich einfacher erscheint, eine Aufgabe anzupacken. Und wenn du dich wieder auf einen Ausflug auf den spaßfreien Spielplatz einlässt, gewinnt dein Monster wieder an Kraft. Dir muss also bewusst sein, dass du diesen Kampf dein Leben lang führen wirst. Um ein produktives und glückliches Leben zu führen, ist es das aber ohne Frage wert.

Folgende Punkte helfen dir, deine Aufschieberitis in den Griff zu bekommen:

- Mach dir klar, dass es deine Wahl ist, was du mit deiner Zeit anfängst
- Erzähl anderen von deinen Zielen und was du bis wann erreichen möchtest.
- Sorge für Deadlines, wenn du keine hast. Lade Freunde ein, um endlich die Wohnung aufzuräumen. Vereinbare einen Auftritt, damit du endlich die neuen Songs fertig schreibst. Suche Hilfe bei Captain Panik.
- Verbanne Ablenkung. Schalte dein WLAN am Router nur zu bestimmten Zeiten an. Verleihe deinen Fernseher oder lagere ihn ein.
- Bau Druck auf, indem du dich für etwas verpflichtest. Schreibe dich zum Beispiel in einen Kurs ein, den du schon vor Beginn bezahlen musst.
- Starte langsam und in kleinen Schritten. Wenn du zu viel auf einmal angehst, wird es dir schnell zu viel und du fällst in alte Verhaltensweisen zurück.

Nur wer etwas tut, wird etwas verändern! Leg das Buch weg und starte jetzt mit einem ersten kleinen Schritt!

Das Helden Handbuch

DER BUTTERFLY EFFEKT

*»Wenn du möchtest, dass das Glück anklopft,
beginn damit Türen zu bauen.«*

Der Butterfly Effekt bekam seinen Namen von der bildhaften Veranschaulichung des Effekts am Beispiel des Wetters. »Kann der Flügelschlag eines Schmetterlings in Brasilien einen Tornado in Texas auslösen?«

Der Effekt beschreibt, dass kleine Veränderungen oder Abweichungen in einem komplexen System langfristig das komplette System unvorhersehbar verändern können. Für eine korrekte Wettervorhersage muss man ein sehr genaues Model des Wetters simulieren. Das Wetter ist jedoch ein sehr komplexes System, in dem unzählige Einflussfaktoren berücksichtigt werden müssen. Dabei ist aufgefallen, dass bereits das Ändern eines Startwerts von sechs Stellen nach dem Komma (0,506127) auf drei Stellen nach dem Komma (0,506) im Laufe der Zeit einen gravierenden Einfluss auf das Ergebnis hatte.

Auch dein Leben ist ein komplexes System. Unzählige Faktoren beeinflussen, was du tust. Unser Handeln und unsere Entscheidungen, aber auch Zufälle und äußere Umstände verändern das komplexe System ständig. Es gibt zwar bestimmte Dinge, die wir mit großer Wahrscheinlichkeit ausschließen können, zum Beispiel, dass wir im Lotto gewinnen, wenn wir gar nicht spielen, jedoch ist es unmöglich vorauszusehen, was eine bestimmte Handlung in der Zukunft für Auswirkungen haben wird.

Du kannst jedoch die Wahrscheinlichkeiten erhöhen, dass ein bestimmter Zustand erreicht wird. Durch dein Handeln kannst du das Gesamtsystem positiv beeinflussen. Und dazu brauchst du keine großen schwerwiegenden Veränderungen vornehmen. Ein kleiner Flügelschlag heute kann langfristig zu einem Tornado in deinen Leben werden.

Das Interessante am Butterfly Effekt ist, das schon kleine Impulse das Endergebnis dramatisch verändern können. Wenn du also jeden Tag einen kleinen Impuls gibst, der dein Leben in die gewünschte Richtung steuert, hast du gute Chancen dramatische Veränderungen herbeizuführen. Sei dir aber bewusst, dass du das Ergebnis nicht vorhersehen kannst. Oft sind es kleine, unbedeutend erscheinende Begegnungen oder unscheinbare Handlungen, die später unerwartet zu großen Chancen führen.
Natürlich kann der Impuls auch zu negativen Veränderungen führen. Ein Impuls in die richtige Richtung hat aber eine höhere Wahrscheinlichkeit einen positiven als einen negativen Effekt zu erzielen. Und Probleme sind Chancen Erfahrungen zu sammeln und daran zu wachsen.

Von nun an solltest du jeden Tag mindesten eine Sache erledigen, die dich deinem Ziel potenziell näherbringt. Auch wenn die erledigte Aufgabe noch so klein ist. Stelle sicher, dass du dem Butterfly Effekt jeden Tag die Chance gibst, deine Zukunft dramatisch zu verändern. Da es so schwierig ist, im Nachhinein festzustellen, welcher Flügelschlag für den Tornado verantwortlich war, sieht es oft so aus als sei dein Erfolg durch einen glücklichen Zufall entstanden. Man sagt jedoch: Das Glück ist mit den Tüchtigen. Der Butterflyeffekt ist der Grund dafür.

Das Helden Handbuch

DER FRÜHE VOGEL

»Hör auf vom Erfolg zu träumen.
Beginn dafür zu arbeiten!«

Während ich diesen Satz schreibe, zeigt die Uhr 5:35. Der ganze Tag liegt noch vor mir. Und ein Teil der Dinge, die ich mir für heute vorgenommen habe, liegen bereits hinter mir. Ich habe ein Gefühl von Klarheit und Energie, während die Welt um mich herum noch tief und fest schläft. Ich fühle mich den anderen einen Schritt voraus, und das motiviert mich noch härter an meinen Träumen zu arbeiten. Die Stille fördert meine Konzentration und ich fühle mich gut. Der frühe Morgen wirkt fast magisch. Die produktivste Zeit des Tages.

Viele der erfolgreichsten CEOs und Entrepreneure stehen zwischen 4 Uhr und 6 Uhr auf. Apple CEO Tim Cook steht bereits um 3.45 Uhr auf, um Emails zu beantworten und Sport zu treiben. Auch der amtierende Präsident der USA Barrack Obama, Virgin Gründer und Multimilliardär Richard Branson und Disney CEO Bob Iger stehen morgens zwischen 4 Uhr und 6 Uhr auf. Das ist kein Phänomen der Neuzeit. Auch Benjamin Franklin und Immanuel Kant waren Frühaufsteher und haben in den Morgenstunden die Dinge getan, durch die sie in den Geschichtsbüchern verewigt wurden. Dies sind nur ein paar der unzähligen erfolgreichen Menschen, die schon früh morgens aktiv sind, während der Rest der Menschheit noch schläft. Natürlich heißt das nicht zwangsläufig, dass alle Frühaufsteher erfolgreich werden, oder das Langschläfer keine Chance auf Erfolg haben. Ein gewisses Muster ist dennoch daraus abzuleiten. Erfolgreiche Menschen sind verdächtig oft Frühaufsteher.

In den Morgenstunden herrscht Ruhe. Keine Anrufe oder Mails die einen aus der Arbeit reißen. Keine dringenden Themen, die dich vom Wichtigen ablenken. Das Leben kommt dir morgens nicht in die Quere. Das Fernsehen lockt nicht mit Blockbustern und Facebook und Twitter nicht mit den neusten Katzenvideos. Dein Monster, das dich zur Prokrastination verführen will, hat nicht viele Argumente anzuführen. Um 5 Uhr morgens gehört die Zeit ganz dir, deinen Gedanken, Zielen und Plänen.

Studien haben gezeigt, dass unsere Willenskraft endlich ist. In einer Studie in den 70iger Jahren starteten Forscher mit der Annahme, dass es eine Korrelation gibt, zwischen den Studenten, die ihre Hausarbeiten rechtzeitig ablieferten und Studenten, die saubere Socken trugen. Man vermutete, dass die Studenten die ihre Abgabefristen einhielten, auch ihre Wäsche besser im Griff hätten, und daher auch saubere Socken trugen. Die Studie zeigte jedoch, dass das Gegenteil der Fall ist. Die Studie kam zu dem Schluss, dass Studenten entweder ihre Hausarbeiten rechtzeitig erledigen können oder aber sich um saubere Wäsche kümmern. Hatten die Studenten ihre Energie für das eine verbraucht, bleib nicht mehr genug für das andere übrig.

Wie bei einem Akku entlädt sich unsere Willenskraft im Laufe des Tages. Wir haben auch nur einen einzigen Vorrat, der von allen Tätigkeiten angezapft und aufgebraucht wird. Es ist leider nicht der Fall, dass wir zum Beispiel für Sport einen anderen Energie Vorrat haben als für Denkarbeit. Mit jeder Entscheidung und jedem Akt der Selbstdisziplin verbrauchen wir Willenskraft. Deshalb brechen wir unsere Vorsätze meistens am Abend. Wir werfen unsere Diäten über den Haufen und essen zu viel oder ungesund. Wir schaffen es nicht unser Sportprogramm durchzuziehen und legen uns stattdessen auf das Sofa vor den Fernseher. Am Abend steht für unsere Vorsätze und Ziele einfach keine Willenskraft mehr zur Verfügung. Dadurch hat unser Prokrastinations-Monster freies Spiel und alte Gewohnheiten übernehmen das Ruder.

Daher ist es entscheidend, das Wichtigste des Tages immer als aller erstes zu erledigen. Morgens sind unsere Willenskraft- und Lebensenergie-Akkus vollgeladen und wir können uns mit ganzer Kraft auf die wichtigste Aufgabe des Tages konzentrieren. Ob du ein Buch schreiben willst, deinen Körper stählen oder ein Unternehmen gründen möchtest, es gibt keine bessere Zeit um daran zu Arbeit als früh morgens. Einen zusätzlichen Motivationsschub bekommst du von dem Gedanken, dass die Konkurrenz im wahrsten Sinne des Wortes noch schläft.

Nach einer kurzen Gewöhnungsphase bist du morgens um 5 Uhr so produktiv und kreativ wie nie wieder am Tag. Investiere diese Zeit in deine wichtigsten Ziele. Verschenke deine Willenskraft nicht an Dinge, die Andere von dir wollen, oder die dein Job und dein Leben von dir verlangen. Du wirst noch genug Energie übrighaben, um niemanden enttäuschen zu müssen. Deine beste Arbeitsqualität hast du dann jedoch sinnvoll für deine eigenen Träume eingesetzt und nicht für die Träume anderer.

Mach morgens einen Plan für deinen Tag. Je nachdem was dir besser liegt, kannst du einen sehr detaillierten Plan erstellen, oder nur grob die Top 3 To-Dos identifizieren. Wichtig ist nur, dass du eine Vorstellung hast, was du bis zum Ende des Tages erreicht haben möchtest. Ich erstelle mir eine stundengenaue Übersicht. Dafür habe ich eine Tabelle, ähnlich einem Stundenplan in der Schule, in der ich stichpunktartig notiere, was ich in welcher Stunde machen möchte. Oft kommt dieser Plan im Laufe des Tages etwas durcheinander, da das Leben selten ohne Überraschungen bleibt. Im Notfall hänge ich dann abends noch eine Stunde dran, um die verpassten Aufgaben nachholen zu können. Dadurch bemerke ich aber sehr genau, welche äußeren Einflüsse meine eigentlichen Ziele beeinflussen und ich kann gegebenenfalls Gegenmaßnahmen einleiten. Sollte jemand oder etwas regelmäßig deine Pläne umwerfen, kannst du bewusst entscheiden, ob du dieses Störfeuer akzeptierst und einplanst oder etwas dagegen unternimmst.

Aber wie wird man zum Frühaufsteher?
Wenn du bisher immer bis in den Vormittag schläfst, ist es keine einfache Umstellung. In der ersten Woche wird sich das frühe Aufstehen wie ein Jetlag anfühlen.
Wichtig ist, wirklich direkt aus dem Bett zu kommen. Wenn du deinen Wecker in »Snooze«-Schleifen schickst, hast du nichts von deinem Morgen und du wirst gerädert durch den Tag gehen. Außerdem gewöhnst du deinem Körper an, dieses Ritual als normal anzusehen. Wenn du die »Snooze«-Schleife bereits als Gewohnheit entwickelt hast, ist es jetzt an der Zeit damit aufzuhören. Stelle deinen Wecker so weit entfernt vom Bett auf, dass du ihn nicht ohne Aufstehen erreichen kannst. Sorge also dafür,

dass du immer aufstehen musst, um deinen Wecker auszuschalten. Stelle den Wecker so laut wie möglich. Stelle einen weiteren Wecker nach demselben Prinzip auf, jedoch auf der anderen Seite des Zimmers. Den ersten Wecker stellst du auf 5.00 Uhr. Den Zweiten stellst du auf 5.03 Uhr.

Mache am Vorabend bereits einen kleinen Plan, was du am Morgen erledigen möchtest. In den ersten Frühaufsteh-Tagen sollten es kleine Ziele sein, die dir gute Laune machen. Denke gleich nach dem Aufstehen an den schönen Moment, der dir in Kürze bevorsteht, wenn du diese Aufgaben erledigt hast.

Schnappe dir ein Glas klares Wasser und mach dich an dir Arbeit. Wenn du in den ersten Tagen noch zu müde bist, solltest du stattdessen Sport in dein Morgenprogramm einplanen. Dadurch lernt dein Körper, dass er ab jetzt morgens Leistung bereitstellen muss.

Bleibe hartnäckig und halte durch. Nach einer Woche sollte sich dein Körper schon daran gewöhnt haben, früh aufzustehen. Dadurch wird es deutlich einfacher. Um daraus eine Gewohnheit zu machen, braucht es aber mehr als zwei Monate Zeit. Stehe auch am Wochenende um 5 Uhr auf. Wenn du am Wochenende lang schläfst, wirst du jeden Montag erneut einen harten Kampf führen müssen.

Jeder Mensch benötigt unterschiedlich viel Schlaf. Zwischen 7 und 8 Stunden solltest du aber mindestens schlafen. Alles darunter ist gesundheitlich bedenklich. Wenn du um 5 Uhr aufstehst, bedeutet das, dass du nicht nach 22 Uhr einschlafen solltest. Versuche also gegen 21:30 Uhr schlafen zu gehen. Am Wochenende ist das manchmal impraktikabel. Statt dann länger zu schlafen, empfehle ich trotzdem um 5 Uhr aufzustehen und den verpassten Schlaf als Mittagsschlaf nachzuholen. Dadurch kannst du deinen Rhythmus beibehalten und profitierst weiterhin von den Vorteilen des frühen Aufstehens.

Du wirst begeistert sein, wie viel produktiver dein Leben durch das Frühaufstehen wird. Leg das Buch für einen Moment beiseite und stelle deinen Wecker jetzt gleich auf 5:00 Uhr. Du wirst es nicht bereuen.

FOKUS POKUS

»Du wirst dein Ziel niemals erreichen, wenn du anhältst
um Steine auf jeden Hund zu werfen, der bellt.«

Wir haben in den letzten Kapiteln gelernt, wie schwer es ist, sich wirklich zum produktiven Arbeiten durchzuringen und wie viele Mechanismen dagegen arbeiten. Man führt diesen Kampf täglich neu und es wird Tage geben, da gelingt es dir besser als an anderen, dich an die Arbeit zu machen. Daher ist es wichtig, die produktive Zeit so effektiv wie möglich zu nutzen.

Wenn du es geschafft hast, dich von allen Ablenkungen loszureißen und wirklich produktiv an deinen Zielen zu arbeiten lauert auch schon die nächste Falle auf dich.

In den Arbeitsstunden strebt man danach, so viel Aufgaben wie möglich erledigt zu bekommen. Es scheint also am besten zu sein, man erledigt mehrere Dinge parallel und bringt so einige Aufgaben gleichzeitig voran. Oft wird Multitasking als Fähigkeit herausgestellt, die einen besonders produktiven Menschen auszeichnet. Leider sieht die Realität für den Großteil der Aufgaben ganz anders aus.

Um eine Aufgabe gut und schnell erledigen zu können, benötigt sie unsere volle Aufmerksamkeit. Sobald wir einen Teil unserer Aufmerksamkeit noch einer anderen Sache widmen, sinken zwangsläufig Qualität und

Geschwindigkeit, in der wir die Aufgabe erledigen. Multitasking sollte daher nur für wirklich banale Aufgaben eingesetzt werden, bei denen es nicht auf die Qualität ankommt. Unsere Konzentration kann nur auf eine einzige Sache gerichtet sein. Alle anderen Tätigkeiten kann unser Gehirn nur mit Automatismen parallel bearbeiten. Wir sollten daher lieber trainieren, unseren Fokus auf die aktuelle Tätigkeit zu legen und alle Ablenkungen ausblenden zu können. Dadurch erzielen wir schneller bessere Ergebnisse.

Ein anderer Effekt von Multitasking ist das Springen von Projekt zu Projekt. Dabei wir nach jeder Teilaufgabe der Kontext gewechselt und an einem anderen Thema gearbeitet. Das fühlt sich dann zwar produktiv an, leider verzögert sich die Fertigstellung aller Aufgaben dadurch aber deutlich. Am Ende ist nichts wirklich geschafft.

Gehen wir einmal davon aus, du hast eine Stunde Zeit um etwas abzuarbeiten. Wenn du nun alle 10 Minuten die Aufgabe wechselst, hast du an 6 verschiedenen Projekten gearbeitet. Beim Wechsel zwischen den Aufgaben geht immer etwas Zeit verloren, um sich wieder neu zu orientieren. Der sogenannte Kontextwechsel verursacht immer Reibungsverluste. Man muss also von den 10 Minuten pro Aufgabe, etwas 1 bis 2 Minuten für diese Verluste abziehen. Du hast also insgesamt 40 Minuten an unterschiedlichen Aufgaben gearbeitet. Da du überall nur einen kleinen Schritt vorangekommen bist, ist häufig nichts komplett fertig geworden. Wenn du alternativ dazu die 60 Minuten an einer einzigen Aufgabe arbeitest, hast du die komplette Zeit fokussiert auf ein Ziel hingearbeitet und die Wahrscheinlichkeit, dass du etwas zu Ende gebracht hast, ist deutlich höher.

Werde zu deinem Alpha-Ich!

Die folgende Grafik veranschaulicht, wie viel Zeit wo eingesetzt wurde:

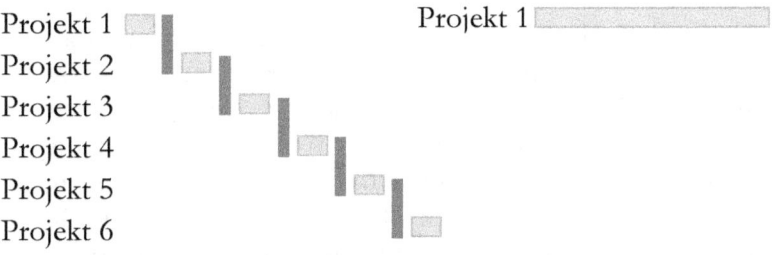

Das Diagramm zeigt die Gegenüberstellung des Fokussierten zum Multitasking Ansatz. Links ist der Zeiteinsatz für Multitasking. Auf der rechten Seite der Fokussierte. Die grauen Balken entsprechen der Arbeitszeit. Die schwarzen Balken sind die verbrauchte Zeit für Kontextwechsel.

Es ist deutlich motivierender eine Aufgabe komplett abzuschließen, als am Ende mit 6 angefangenen Aufgaben da zu stehen. Beim Multitasking stellt sich nach getaner Arbeit nicht das befriedigende Gefühl ein, etwas geschafft zu haben, da das Ergebnis oft nicht sichtbar ist. Je nach Aufgabe kann das abgeschlossene Projekt auch schon seinen Nutzen entfalten. Wenn es sich z.B. um Werbeanzeigen handelt, kann Anzeige 1 dann bereits geschaltet werden und somit »passiv« für Bekanntheit sorgen. Wenn es sich um Songs handelt, könnte Lied Nummer 1 bereits veröffentlicht werden, und findet deshalb bereits die ersten Hörer.

Genau deshalb ist es auch so wichtig, an den wichtigsten Aufgaben immer zuerst zu arbeiten. Da diese den größten Nutzen versprechen, ist es erstrebenswert diesen so schnell wie möglich zu erreichen. Dabei ist es wichtig, sich über die sogenannten Opportunity Costs bewusst zu sein. Die Opportunity Costs sind die Dinge, die man aufgibt, wenn man sich für die eine Aufgabe statt für eine Andere entscheidet. Dabei kann es sich um bares Geld handeln. Es ist aber auch möglich, dass es komplexere Konsequenzen sind. Wenn du mit 18 die Schule abbrichst, um ein Unternehmen zu gründen, bringt diese Entscheidung als Opportunity Costs, dass du einiges an Wissen verpasst und dir der Abschluss fehlt. Eventuell gibst du damit auch die Möglichkeit auf, studieren zu können. Wenn du dich für die Schule und gegen das Unternehmen entscheidest, gibst du eventuell die Chance auf, Geschäftsführer einer erfolgreichen Firma zu werden.

Wähle also sorgfältig aus, was du als Nächstes tust und fokussiere dich dann darauf.

Um deine wichtigste Aufgabe immer griffbereit an erster Stelle zu haben, empfehle ich mit einer priorisierten Liste zu arbeiten. Ein so genanntes Backlog. Ganz oben liegt dabei immer die wichtigste Aufgabe. Alle anderen Aufgaben sind mit absteigender Wichtigkeit in die Liste einsortiert. Ein gutes Hilfsmittel um schnell und einfach Listen zu erstellen und Aufgaben zu priorisieren ist Trello.com. Hier kannst du dich kostenlos anmelden und dir verschiedene Boards erstellen. Auf diesen Boards kannst du Listen verwalten und Karten zwischen diesen Listen per Drag & Drop verschieben und priorisieren. Ich habe lange nach einer guten Lösung gesucht, um meine Aufgabenlisten zu verwalten. Mit Trello habe ich eine für mich perfekte Lösung gefunden. Sogar meine Einkaufsliste erstelle ich in Trello.

Werde zu deinem Alpha-Ich!

Um sich auf eine Aufgabe wirklich fokussieren zu können, solltest du auch dafür sorgen, dass du keine Ablenkung hast. TV, Radio oder andere Ablenkungen wir Facebook oder Twitter solltest du komplett verbannen, während du dich auf eine Aufgabe konzentrierst. Dein Prokrastinations-Monster wird versuchen jede Gelegenheit wahrzunehmen um dich daran zu hindern dich auf deine Aufgabe zu fokussieren. Versuche also bevor du mit einer Aufgabe startest die Rahmenbedingungen so zu gestalten, dass die Wahrscheinlichkeit für Ablenkung so gering wie möglich ist.

Wenn es dir schwerfällt, konzentriert für längere Zeit an einer Sache zu arbeiten, kannst du dir deine Arbeit in kleine Zeitintervalle einteilen. Stelle dir dafür einen Countdown im Smartphone oder eine Eieruhr für 10 bis 15 Minuten. Arbeite dann an deiner Aufgabe, bis die Zeit abgelaufen ist. Mach eine kleine Pause von 5 Minuten und starte erneut für 10 bis 15 Minuten. Mit der Zeit kannst du die Konzentrationsphase verlängern und die Pausen verkürzen.

Das Helden Handbuch

FANGE DIE AUFGABENKOBOLDE EIN

»Der nächste richtige Schritt und der nächste harte Schritt
sind fast immer dasselbe!«

Plötzlich fällt es mir wieder ein! Ich muss noch diese eine Rechnung überweisen. Zehn Minuten später fällt mir wieder ein, dass ich noch schauen wollte, ob es eine günstigere Autoversicherung gibt. Kurz darauf lässt mich der Gedanke nicht los, dass es sinnvoll wäre zu recherchieren, ob es diese eine Business-Idee bereits gibt, und ob sie lukrativ sein könnte. Zu Hause angekommen ist mein Kopf wieder leer. Ich kann mich gerade mal daran erinnern, dass ich irgendetwas aufschreiben wollte.

Aber bereits in der nächsten unpassenden Situation werden mich diese Aufgabenkobolde wieder besuchen. »Stimmt! Ich muss unbedingt noch diese Rechnung überweisen!«

Wenn dir solche Situationen bekannt vorkommen, dann kennst du sie auch: die Aufgabenkobolde. Sie kommen zu den unpassendsten Zeiten und geistern dir durch den Kopf, um sich danach ganz schnell wieder zu verstecken. Alles, was sie hinterlassen, ist das Gefühl, dass da noch was Wichtiges war. Ich nenne Sie auch gerne »Open Loops«. Open da es unerledigte Aufgaben sind und Loops, da sie immer wiederkehren.

Diese Aufgabenkobolde haben die negative Eigenschaft, deine Aufmerksamkeit ständig auf sich zu ziehen. Dadurch fokussierst du dich in vielen Situationen nicht auf die aktuelle Tätigkeit, sondern stattdessen auf sie. Statt einem Gesprächspartner deine volle Aufmerksamkeit zu schenken, tanzen die Aufgabenkobolde in deinem Kopf und sorgen dafür, dass du nie ganz im Hier und Jetzt bist. Über den Tag gesehen, verbrauchen die Aufgabenkobolde einen bedeutenden Anteil deiner Energie, ohne dich jedoch wirklich konkret voranzubringen.

Die Aufgabenkobolde kannst du nur bändigen, wenn du sie einfängst und festhältst, solange sie sich zeigen.
Bereits im Kapitel über Fokus habe ich dir Trello vorgestellt, um deine Aufgabenlisten zu verwalten. Trello ist das ideale Tool deine Aufgabenkobolde immer dann einzufangen, wenn sie aus ihrem Versteck kommen. Natürlich funktioniert auch ein Notizbuch. Vorausgesetzt, dass du es immer bei dir trägst. Sobald sich ein Aufgabenkobold zeigt, setze ihn sofort fest in dem du ihn auf eine Liste schreibst. Diese Liste ist eine komplett unsortierte To-Do Liste. Ich nenne diese Liste »InBox« oder »Koboldfalle«. Alles wird darauf erst einmal festgehalten. Im Trello kannst du das direkt in deinem Smartphone tun. Es bietet sogar ein Widget an, dass du direkt auf deinem Homescreen platzieren kannst. Es sollte dich nicht mehr als ein paar Sekunden kosten, um den Aufgabenkobold dingfest zu machen.

Wenn du das eine Weile gemacht hast, wirst du feststellen, dass sich dein Stresslevel deutlich reduziert. Denn das Gefühl, du könntest etwas Wichtiges vergessen, verschwindet durch diese Technik aus deinem Leben und damit auch der dadurch verursachte Stress.

Um deine Schlafqualität deutlich zu verbessern, solltest du beginnen, vor dem Schlafen gehen, einen Braindump zu machen. Der Braindump ist ein Ritual, bei dem du noch einmal aktiv versuchst, alle Aufgabenkobolde auf deine Liste zu bannen. Nimm dir 5 Minuten Zeit, und erweitere deine »InBox« Liste um alle Punkte, die dir noch einfallen. Damit vermeidest du, dass dir während dem Einschlafen Aufgabenkobolde im Kopf rumspringen und dein Gedanken zu kreisen beginnen. Sollte das dennoch passieren, überwinde dich und verbanne auch diesen Kobold auf die Liste.

Alle Aufgaben auf einer Liste zu haben ist natürlich nicht alles. Da die Liste komplett ungefiltert ist, ist es wichtig, mindestens einmal in der Woche die Liste durchzugehen.

Nimm dir die einzelnen Aufgaben deiner »Inbox« Liste vor und wende als aller erstes die 5 Minuten Regel an. Sollte die Aufgabe innerhalb von 5 Minuten zu erledigen sein, erledige sie sofort. Es lohnt sich nicht, diese Aufgabe in irgendeiner Weise weiter vor dir herzuschieben. Die 5 Minuten sind so schnell vorbei, dass du gar nicht weiter darüber nachdenken solltest und die Aufgabe einfach schnell erledigst.

Ist die Aufgabe größer, solltest du sie auf einer anderen Liste einpriorisieren. Das ist dann deine »To-Do« Liste. Ist die Aufgabe wichtig oder dringend sollte sie nach oben wandern. In Trello kannst du Aufgaben auch ein Datum zuweisen, bis wann sie erledigt sein müssen. Diese Funktion kann sehr nützlich sein.

Wenn du die ganze Liste durchgegangen bist, steht die wichtigste Aufgabe in deiner »To-Do« Liste ganz oben und deine »Inbox« sollte jetzt leer sein. Beginne mit der obersten Aufgabe in deiner »To-Do« Liste und arbeite dich Schritt für Schritt nach unten.

Durch diese Technik wirst du deutlich entspannter durchs Leben gehen, da du den Stress los bist, ständig etwas vergessen zu können. Außerdem wird deine Produktivität steigen, da du an den wichtigen Aufgaben zuerst arbeitest und kleine Aufgaben immer sofort erledigst.

ENTDECKE DEIN ALPHA-ICH

»Der einzige relevante Faktor für Erfolg bist du selbst!«

Die meisten Menschen haben sich mit einem durchschnittlichen Leben arrangiert. Sie haben weder großen Erfolg noch großen Misserfolg im Beruf, ihrem Wohlstand oder ihren Hobbys. Sie denken, handeln und produzieren auf einem durchschnittlichen Niveau. Wenn du aus deinem Leben etwas Besonderes machen möchtest und große Ziele erreich willst, musst du diesem mittelmäßigen Level entkommen. Wenn du eine Ausnahme sein möchtest, musst du dich wie eine Ausnahme verhalten. Es wird Zeit, dass du dich zu den 5 Prozent der Menschheit gesellst, die die Mittelmäßigkeit hinter sich gelassen haben und sich zu ihrem Alpha-Ich entwickeln.

DEIN ALPHA-ICH

Dein Alpha-Ich ist die bestmögliche Version von dir selbst. Es ist eher ein Weg als ein Zustand, da es fast immer noch Platz nach oben gibt. Jedoch ist dieses imaginäre Alter Ego der beste Sparringspartner, den du dir vorstellen kannst. Dein Alpha-Ich entscheidet sich immer für den effektivsten Weg zum Ziel. Es scheut keinen Aufwand um seine Ziele zu erreichen und handelt immer im Einklang mit deinen Wertvorstellungen. Faulheit und Prokrastination sind für dein Alpha-Ich kein Problem. Es kennt keine Ausreden und übernimmt immer die volle Verantwortung für sein Handeln. Das bedeutet übrigens nicht, dass das Alpha-Ich immer fehlerfrei ist. Viel mehr werden von ihm Fehler als Chance willkommen geheißen, um daraus zu lernen und besser zu werden.

Frage dich bei jeder Entscheidung und bei jeder Tätigkeit, was dein Alpha-ich tun würde, und handle danach. Versuche dieser Idealvorstellung so nahe wie möglich zu kommen und du wirst unglaubliche Ergebnisse erzielen.

DIE 4 SCHÄDLICHEN VERHALTENSWEISEN

Es gibt vier Verhaltensweisen, die du sofort aus deinem Leben verbannen kannst, um dich auf deinen Weg zu deinem Alpha-Ich zu begeben.

Die erste Verhaltensweise, die du ausmerzen musst, ist es für deine Untätigkeit Ausreden und Entschuldigungen zu suchen. Um deine Ziele erreichen zu können, musst du Verantwortung für dein Handeln übernehmen. Es wird dir immer ein Grund einfallen, warum du gerade jetzt etwas nicht tun kannst, um deinem Ziel einen Schritt näher zu kommen. Eine beliebte Ausrede ist es den Grund bei äußeren Umständen zu suchen. Das Wetter hindert dich daran Sport zu machen, oder dein Aufenthaltsort daran eine Aufgabe fertigzumachen. Das Werkzeug oder der Computer, irgendetwas findet sich immer, das im Moment verhindert eine Aufgabe zu erledigen.

Alternativ zu den äußeren Umständen können auch andere Menschen als Ausrede herhalten. Hier gibt es sogar oft noch einen Effekt, den ich den Ausreden-Multiplikator nenne. Wenn dein Trainingspartner eine Ausrede hat, nicht zum Training zu erscheinen, kannst du dich erstmal auf seine Ausrede berufen plus der Ausrede, dass der andere das Training ja abgesagt hat. Dabei ist dir meistens klar, dass du auch bei schlechtem Wetter alleine trainieren kannst. Das ist häufig sogar ein richtig effektives Training. Doch diese Ausrede ist einfach zu verführerisch, um dem anderen die Schuld zu geben und auf dem Sofa vor dem Fernseher Platz zu nehmen. Das trifft natürlich nicht nur auf Sport zu. Auch in anderen

Bereichen sind andere Menschen eine gern gesehene Entschuldigung.

Das dritte Level der Ausreden ist dann das Eingestehen der Schwäche bei sich selbst. »Ich fühle mich heute nicht so gut« oder »Ich bin heute zu müde«. Das ist besonders fatal, da man seinem Unterbewusstsein damit immer wieder sagt, dass man schwach ist. Mit jeder Ausrede geht man einen weiteren Schritt in einer Abwärtsspirale zum Misserfolg.

Beginne ein Gespür für deine Ausreden zu bekommen und entlarve sie, sobald du sie bemerkst. Dein Alpha-Ich hat keine Ausreden. Es setzt seine Pläne in die Tat um, und dass gegen alle Widerstände.

Wer will findet Wege, wer nicht will, findet Gründe.

Die nächste Verhaltensweise, die keinen Platz mehr in deinem Leben hat, ist Ablenkung. Heutzutage sind wir dauerhaft online und im großen Maße vernetzt. Eine gewaltige Informationsflut bricht jeden Tag auf uns ein.

Wenn du eine Aufgabe effizient erledigen willst und du am Ende die bestmöglichen Ergebnisse erzielen möchtest, musst du dafür sorgen, dass du dich komplett auf deine Aufgabe konzentrierst. Schalte jegliche Ablenkung ab. Stell dein Smartphone in den Flugmodus, ziehe dich in ein ruhiges Zimmer zurück oder schalte deine Internetverbindung für die Arbeitsphase an deinem PC aus. Bevor du eine Aufgabe beginnst, stelle sicher, dass du die größtmögliche Konzentration erreichst und alle möglichen Ablenkungen eliminierst. Fokussiere dich auf genau eine Aufgabe, bis du diese Aufgabe abgeschlossen hast.

Die dritte Verhaltensweise, die du verbannen musst, ist Stillstand. Die meisten Menschen fürchten sich vor

Veränderungen. Die Welt um uns herum verändert sich ständig. Es gibt täglich neue Möglichkeiten um dein Leben zu verbessern und es steht dir ein ganzer Ozean an Möglichkeiten offen. Wenn du dich nicht veränderst, wird sich auch dein Leben nicht ändern. Probiere neue Dinge aus, lerne jeden Tag etwas dazu und suche aktiv nach Optimierung und Veränderung. Wenn du die schlauste Person in deinem Freundeskreis bist, wird es Zeit diesen zu erweitern. Dein Alpha-Ich fordert sich ständig selbst heraus. Es verlässt seine Komfortzone regelmäßig.

Die letzte Verhaltensweise, die in deinem Leben nichts mehr verloren hat, ist in der Vergangenheit zu leben. Für viele Menschen dreht sich fast alles um ihre Vergangenheit. Die Leistungen, die sie vor 20 Jahren erreichten. Die Erfolge, die sie hatten, bevor alles schlechter wurde. Die Energie, die sie hatten, als sie noch 20 Jahre alt waren, usw. Sie geben der Vergangenheit die Schuld, warum die Gegenwart so enttäuschend ist, wie sie ist. Dein Alpha-Ich lässt sich von der Vergangenheit nicht negativ beeinflussen. Du musst dich jeden Tag auf eine bessere Zukunft ausrichten. Versuche jeden Tag besser zu sein, als du gestern warst. Setz dir Ziele und verfolge deine Träume. Betrachte deine Vergangenheit als Schule, die dich auf deine Zukunft vorbereitet.

SEI DEIN ALPHA-ICH

Auch wenn du dich selbst noch nicht fühlst, als hättest du dein Alpha-Ich bereits erreicht, musst du damit beginnen, dich in diese Rolle einzufinden. Am Anfang wird es sich vielleicht noch anfühlen, als würdest du diese Rolle nur spielen, aber dein Geist wird sich schnell an diese neue Wahrheit gewöhnen. Nach einer Weile wird sich deine Wahrnehmung verändern und die neue und bessere Identität übernehmen.

Beginne damit dich so zu anzuziehen, wie dein Alpha-Ich sich kleiden würde. Ich empfehle dir, deinen Kleidungsstil umzustellen. Du möchtest ein Unternehmen aufbauen? Dann kleide dich »Smart Casual« oder »Business Casual«. Du möchtest Rockstar werden? Dann kleide dich wie ein Rockstar. Das kann eine große Veränderung deines Kleidungsstils bedeuten. Zu Beginn fühlt es sich eventuell an, als wärst du verkleidet. Auch dein Umfeld wird erstmal über dich und deine Veränderung reden. Das legt sich aber nach ein paar Tagen oder Wochen wieder. Du wirst dich selbst auch schnell an die Veränderung gewöhnen. Dein neuer Kleidungsstil strahlt mehr Selbstsicherheit aus, vermittelt anderen ein klares Bild von dir, und sagt auch deinem Unterbewusstsein, wer du wirklich bist. Du wirst schnell viele Komplimente für die Veränderung bekommen und schon bald wirst du dich in deiner »alten« Kleidung nicht mehr wohl fühlen.

Wenn es dein Ziel ist, Multimillionär zu werden, solltest du jetzt deshalb nicht losgehen und dir einen maßgeschneiderten Anzug anfertigen lassen, der dich ein Vermögen kostet. Es gibt durchaus Wege, wie du deinen

Kleidungsstil an deine Vision anpassen kannst, ohne dich gleich in Unkosten zu stürzen. Ein Hemd kombiniert mit einer Chino-Hose macht schon einen gewaltigen Unterschied zu einem Metallica T-Shirt und Jeans. Bitte nicht falsch verstehen. Metallica ist eine großartige Band!

Welcher Kleidungsstil dir auch immer in den Kopf kommt, wenn du dir deine erfolgreiche Zukunft vorstellst. Es wird Zeit sich genau so zu kleiden.

Neben dem äußeren Erscheinungsbild sendet auch deine Körperhaltung ein klares Signal aus. Wer aufrecht und selbstbewusst mit beiden Beinen im Leben steht, wird von anderen Menschen als durchsetzungsstärker und erfolgreicher wahrgenommen. Aber auch deine Selbstwahrnehmung wird sich dadurch verbessern und dein Selbstbewusstsein wird dadurch steigen. Wenn du immer mit gesenktem Kopf durch die Gegend läufst, und du dich dadurch klein machst, wird dein Unterbewusstsein lernen, dass du klein und unbedeutend sein möchtest. Deine Haltung hat einen starken Einfluss darauf, wie selbstbewusst du selbst bist und wie dich andere wahrnehmen. Bei sehr selbstbewussten Menschen folgt die Körperhaltung der Einstellung. D.h. sie gehen und sitzen aufrecht, weil ihre innere Einstellung bereits richtig ist. Du kannst aber auch andersherum deine innere Einstellung durch deine Körperhaltung positiv beeinflussen. Frei nach dem Motto: »Fake it till you make it« solltest du es so lange bewusst umsetzen, bis es für dich ganz natürlich geworden ist.

Stell dir dein Alpha-Ich vor. Wie sitzt und steht es? Was strahlt diese Haltung aus?

Dein Alpha-Ich wird die Schultern nicht hängen lassen, oder die eigenen Arme umklammern. Stattdessen ist die Haltung aufrecht, der Kopf gerade, die Brust aufrecht und das Kinn nach oben genommen. Von dieser Art Macht-Posen gibt es einige. Und von heute an solltest du sie aktiv einsetzen.

Macht-Pose 1: Der Superheld

Die Superhelden Pose ist ideal für Gespräche im Stehen oder um Mut zu sammeln, bevor du eine Herausforderung angehen musst. Stelle deine Beine dafür etwa schulterbreit nebeneinander und stemme die Hände in die Hüfte. Strecke die Brust raus und hebe dein Kinn. Du kannst auch etwas nach oben schauen. Atme tief ein.

Macht-Pose 2: Der Chef

Für diese Pose müssen Männer beim Sitzen den Knöchel des einen Beins auf dem Knie des anderen Beins ablegen. Frauen sollten, wenn möglich, die Beine nicht überschlagen. Stattdessen empfehle ich, die Beine parallel nebeneinander und leicht zur Seite gedreht zu stellen. Damit signalisiert man klar, dass es nun um die Inhalte geht. Alle anderen Bein-Posen signalisieren Zuneigung oder Ablehnung.

Bei der Chef-Pose lehnst du dich zusätzlich noch zurück und verschränkst die Arme hinter dem Kopf. Wenn du nicht alleine bist, musst du unbedingt darauf achten, dass du keine Schweißflecke unter den Achseln hast. Wenn die Situation passend ist, kannst du sogar noch deine Beine auf die Ecke des Schreibtisches legen.

Macht-Pose 3: Der Sprinter

In Diskussionen und Verhandlungen zu stehen ist

bereits der erste Teil dieser Pose. Dadurch machst du dich größer und die anderen schauen zu dir auf oder sind auf Augenhöhe. Du solltest nicht sitzen, wenn deine Verhandlungspartner stehen, da du dann aufschauen musst und die anderen auf dich herabschauen. Um die Pose zu perfektionieren, lehnst du dich mit beiden Händen auf den Tisch. Dadurch stehst du etwas nach vorn gebeugt, wie ein Sprinter in den Startblöcken. Stell deine Füße in eine Schrittposition, also nicht nebeneinander.

Allgemein solltest du immer aufrecht stehen und sitzen. Stell dir vor, du bist an einem Faden aufgehängt, der oben an deinem Hinterkopf befestigt ist. Stell beide Beine immer fest auf die Erde. Dafür musst du deine Füße immer schulterbreit nebeneinanderstellen und dein Körpergewicht gleichmäßig auf beide Beine verteilen.

Nachdem wir nun unser Erscheinungsbild und unsere Haltung optimiert haben, ist der nächste Schritt auch unser Verhalten dem unseres Alpha-Ichs anzupassen.

Wie würde sich der Handschlag deines Alpha-Ichs anfühlen? Wenn du jemandem die Hand gibst, achte darauf, dass du einen festen und bestimmten Händedruck hast. Natürlich sollst du die Hand deines Gegenübers nicht zerquetschen, aber deine Hand sollte sich auch nicht wie ein nasser Waschlappen anfühlen. Ein wichtiger Punkt beim Vorstellen ist auch, sich den Namen des Gegenübers zu merken. Wiederhole den Namen des anderen noch einmal und versichere dich, dass du ihn richtig verstanden hast. Damit zeigst du, dass du dein Gegenüber wertschätzt. Wenn du dir unsicher bist, oder den Namen wieder vergessen hast, solltest du unbedingt nachfragen! Mit einer kurzen Entschuldigung, z.B. »Oh, jetzt habe ich doch glatt deinen Namen wieder vergessen. Wie war der nochmal?« nimmt einem das niemand krumm. Die alternative Strategie, die viele Menschen stattdessen nehmen, ist es den Namen im weiteren Gespräch zu vermeiden. Das ist sehr umständlich. Du kannst dadurch nicht frei sprechen, da dein Gehirn immer nach Formulierungen sucht, die den Namen und die direkte Ansprache vermeiden. Außerdem läufst du immer Gefahr, doch irgendwann »ertappt« zu werden. Das führt dann nur zu wirklich peinlichen Situationen.

Niemand ist allwissend. Wenn du etwas nicht verstehst, ob akustisch oder inhaltlich, frag nach. Man tendiert oft dazu, so zu tun als wüsste man, wovon der andere redet, um nicht als ungebildet zu erscheinen. Ob bei Abkürzungen oder ganze Themenbereiche die wir nicht kennen, besteht die Strategie häufig darin, zu nicken und zu hoffen, dass sich das Unbekannte aus dem Kontext erschließen lässt. Es ist aber totaler Unsinn sich so zu verhalten. Man kann nicht alles Wissen. Deinem Alpha-Ich wäre klar, dass es nicht alles wissen kann. Es würde intelligente Fragen stellen, um das Gespräch so nützlich und gewinnbringend wie möglich zu machen. Wenn du am Anfang eines Gesprächs etwas nicht kennst oder verstehst, ist das völlig in Ordnung. Wenn es am Ende immer noch so ist, dann hast du dich dumm verhalten.

Schaue deinem Gesprächspartner in die Augen. Da du nicht in beide Augen gleichzeitig schauen kannst, kannst du entweder ein Auge aussuchen oder in die Mitte der Stirn schauen. Damit signalisierst du, dass derjenige deine volle Aufmerksamkeit hat. Schau aber nicht länger als drei

Sekunden am Stück. Nach drei Sekunden schaust du kurz weg, um dann wieder zurück in die Augen zu schauen. Auch das Zwinkern solltest du nicht unnatürlich lange hinauszögern. Selten zu zwinkern und länger als drei Sekunden in die Augen schauen wird als Starren empfunden und wirkt eher verrückt als souverän.

Es gibt immer wieder Situationen, in denen man sich ärgert oder man sogar wütend wird. Dies ist die schwierigste Situation, um seinem Alpha-Ich Vorbild zu folgen. Ist man erstmal in Rage, wirft man alle guten Vorsätze über Bord und lässt den Emotionen freien Lauf. Versuche zu lernen, nicht die Fassung zu verlieren. Die beste Strategie ist, erstmal nur zu versuchen diese Situationen zu erkennen und dich selbst aus der Gefahrenzone zu bringen. In diesem Zustand wirst du Dinge sagen oder tun, die du normalerweise so nicht tun würdest. Versuche das zu vermeiden, indem du einfach nur sagst: »Ich brauche kurz einen Moment für mich«, und dich so schnell wie möglich zurückziehst. Gib dir selbst Zeit erst wieder einen klaren Kopf zu bekommen. Auch wenn du den Drang verspürst, direkt zu argumentieren oder zu antworten. Mit klarem Kopf kannst du deine Formulierungen auch wieder bewusster wählen. Denn die Art, wie du etwas sagst, hat deutlich mehr Einfluss als dir vielleicht bewusst ist.

POWERSÄTZE

Die Art, wie du deine Sätze formulierst, hat einen großen Einfluss darauf, welche Botschaft beim Empfänger ankommt. Die menschliche Kommunikation ist komplexer als man denkt und man ist sich im Alltag selten darüber bewusst. Schon zwischen den Wörtern, die du sagst und der Botschaft, die du übermitteln möchtest, können sich Fehler einschleichen und Informationen verloren gehen. Dein Gegenüber interpretiert deine Botschaft nun nochmals anders und stellt sie in seinen subjektiven Kontext. Die Antwort, die er oder sie daraufhin gibt, durchläuft all diese Fehlerquellen erneut.

Daher ist es wichtig, sich über bestimmte, häufig vorkommende und gefährliche Sätze bewusst zu sein, und stattdessen eine Formulierung zu wählen, die positiv und klar verständlich ist. Dabei können die sogenannten Powersätze helfen.

Es gibt ganze Bücher nur über dieses Thema. Ich habe dir hier meine Top 10 der wichtigsten Powersätze zusammen mit ihren schlechten Alternativformulierungen zusammengetragen:

Powersatz 1:

Statt: »Ich verstehe, was du sagst, aber ich muss dir widersprechen.«

Sag lieber: »Ich verstehe, was du sagst. Ich sehe es etwas anders.«

Vermeide »aber«. Mit aber leitet man fast immer einen Satz ein, der einer anderen Aussage widerspricht. Wenn du es viel benutzt, hinterlässt du den Eindruck du würdest immer widersprechen und nur die Probleme sehen.

Powersatz 2:

Statt: »Kein Problem.«

Sag lieber: »Gern geschehen.«

Schon das Wort »Problem« hinterlässt einen schlechten Beigeschmack.
Bis du es erwähnst, denkt dein Gegenüber nicht daran, dass seine Bitte ein Problem hätte sein können.

Powersatz 3:

Statt: Du machst mich wütend.«

Sag lieber: »Wenn du das machst, fühle ich mich verärgert, weil ...«

Sprich von dir, nicht von anderen und versuche deinen Grund zu liefern.

Powersatz 4:

<u>Statt:</u> »Mein Name ist …«

<u>Sag lieber:</u> »Ich bin …«

Sag, wer du bist, nicht wie du heißt. Das zeigt deutlich mehr Selbstbewusstsein.

Powersatz 5:

<u>Statt:</u> »Ich bin nicht einverstanden.« oder »Ich stimme nicht zu«

<u>Sag lieber:</u> »Ich sehe das anders.«

Widerspreche nicht, sehe es einfach anders. Widersprechen ist ein direkter Angriff auf die Meinung des anderen. Dass du es anders siehst, kann dir keiner nehmen und wird von anderen Menschen viel leichter akzeptiert und positiver aufgenommen.

Powersatz 6:

<u>Statt:</u> »Warum hast du mir das nicht gesagt?«

<u>Sag lieber:</u> »In Zukunft kannst du mir sowas immer erzählen.«

Keine Vorwürfe über die Vergangenheit. Was geschehen ist, ist geschehen. Da dein Gegenüber sein Verhalten nicht mehr ändern kann, bringst du ihn in eine unlösbare Situation. Daher wird er es nur schwer akzeptieren können. Wenn du stattdessen von der Zukunft redest, und deine Wünsche äußerst, wie es deiner Meinung nach sein soll, machst du ein Angebot. Diese Kommunikation ist deutlich erfolgsversprechender wirklich eine Änderung zu bewirken.

Powersatz 7:

Statt: »Beruhig dich erstmal«

Sag lieber: »Ich kann verstehen, wie aufgebracht du bist«

Verlange nicht das sich jemand beruhigt. Menschen haben ihre Emotionen nur selten im Griff. Durch diese Aufforderung machst du die Emotion meistens nur stärker. Um das gewünschte Ergebnis zu erzielen, musst du stattdessen Verständnis zeigen.

Powersatz 8:

Statt: »Wir müssen reden.«

Sag lieber: »(Name), ich brauche deine Hilfe.«

Frage nach Hilfe, auch wenn du nur sprechen möchtest. Bei der Androhung eines ernsten Gesprächs gehen viel Menschen bereits in die Defensive, bevor das

Gespräch überhaupt angefangen hat. Menschen helfen gerne. Die Frage nach Hilfe öffnet das Gespräch und bringt dein Gegenüber in die richtige Grundeinstellung ein Problem lösen zu wollen. Frage dein Gegenüber nach seiner Lösung für dein Anliegen.

»Max, ich brauche deine Hilfe. Ich ärgere mich jeden Tag, weil dein Geschirr überall herumsteht. Hast du einen Vorschlag wie wir das in den Griff bekommen?«

Powersatz 9:

Statt: »Du hast gesagt, dass ...«

Sag lieber: »Ich habe verstanden, dass ...«

Was du verstanden hast, ist nicht immer das, was gesagt wurde. Sei dir darüber bewusst. Stelle es nicht als Tatsache dar. Sprich nur davon, was bei dir ankam.

Powersatz 10:

Statt: »So ein Pech, leider ist alles ausverkauft.«

Sag lieber: »Im Moment ist alles ausverkauft, aber Sie haben Glück. Gerade habe ich Nachschub angefordert. Wenn Sie wollen, rufe ich Sie an, sobald wieder etwas vorrätig ist.«

Menschen haben gerne Glück. Fast alles kann man positiv sehen. Suche immer nach etwas wirklich Positivem und erwähne es mit dem Kommentar »du hast

Glück!«

Nimm dir jeder Woche einen Powersatz vor und versuche ihn in deine Kommunikation zu integrieren und wirklich anzuwenden. Um eine wirklich gefeilte Umgangsform zu entwickeln, muss man üben und daran arbeiten. Aber es lohnt sich.

Das Helden Handbuch

MISSERFOLGE SIND ZUM WACHSEN DA

»Gewinner sind nicht die, die keine Fehler machen. Es sind die, die niemals aufgeben!«

Kein Mensch wird immer nur Erfolg haben. Es ist absolut unrealistisch zu erwarten, dass dir immer alles gelingen wird. Umso mehr Dinge du ausprobierst, umso öfter wirst du scheitern. Daher ist es wichtig, das Scheitern als Teil des Ganzen zu akzeptieren.

Dabei sind Fehler und Misserfolge sogar unheimlich wichtig für dich. Wenn dir etwas misslingt, eröffnet dir das die Chance zu lernen. Mit jedem Fehler lernst du dazu und gewinnst an Erfahrung. Wichtig ist nur, dass du vermeidest, denselben Fehler mehrmals zu machen. Sehe in jedem Misserfolg die positive Seite. Danach bist du schlauer, erfahrener und deinem Alpha-Ich einen Schritt näher.

Wenn du gescheitert bist, nimm dir einen Moment und atme tief durch. Natürlich darf man sich auch ärgern. Versuche dann aber zu verstehen, was die Ursache war und versuche eine Veränderung davon abzuleiten. Danach machst du einen Neustart. Mach sofort etwas, dass dich wieder einen Schritt in die richtige Richtung bringt. Das funktioniert im Großen wie im Kleinen. Wenn du eigentlich abnehmen möchtest und dir gerade einen großen Haufen Schokolade einverleibt hast, überlege kurz, wie du das in Zukunft vermeiden kannst. Zum Beispiel kannst du dafür sorgen, dass du diese

Schokolade gar nicht mehr zuhause hast. Danach machst du sofort etwas Positives. Das kann eine Runde Sport sein, oder eine gesunde Mahlzeit.

Natürlich gibt es auch größere und schmerzhaftere Misserfolge. Hier benötigst du oft etwas mehr Zeit, um dich wieder aufraffen zu können. Wenn du in diesen Situationen einen ersten positiven Schritt zum Neustart machst, kommst du meistens schneller über die Enttäuschung hinweg.

Mach dir bewusst, dass es ganz normal ist zu scheitern. Oft bist du aber näher an einem Durchbruch, als du denkst. Colonel Sanders, der Gründer von KFC, hat für sein Rezept für frittiertes Hähnchen über 1000-mal eine Absage erhalten, bevor er im Alter von 40 Jahren sein Unternehmen aufbauen konnte.

Sylvester Stallone hat für sein Rocky Drehbuch über 70 Absagen erhalten, bevor er damit erfolgreich seine außergewöhnliche Erfolgsgeschichte starten konnte.

James Dyson hat 5126 Prototypen entwickelt, die nicht funktioniert haben, bevor er den beutellosen Staubsauger ohne Saugkraftverlust erfunden hatte.

Wie oft bist du bereit es zu versuchen? Vielleicht ist der nächste Versuch bereits der Durchbruch. Du bist näher dran, als du denkst. Also gibt nicht auf!

KÖRPER & FITNESS

ENERGIE

»Du kannst die Erfolgsleiter nicht hochsteigen, solange deine Hände in den Hosentaschen stecken.«

Fühlst du dich morgens wie gerädert, obwohl du gerade viele Stunden geschlafen hast? Bist du bereits nachmittags schlapp und müde? Dann wir es Zeit dein Energiemanagement umzukrempeln.

Du hast nur eine bestimmte Menge an Energie vorrätig. Da die Lebensenergie im Gegensatz zur Lebenszeit nicht wirklich messbar ist, wird sie von vielen Menschen komplett ignoriert. Deine Lebensenergie ist die wichtigste Ressource, die du hast. Es bringt dir nichts, Zeit zu haben, wenn du nicht die Kraft hast, diese auch sinnvoll zu nutzen. Deshalb ist es die wichtigste Grundvorrausetzung für deinen Erfolg, deine Energie bewusst zu verwalten.

Du musst lernen und experimentieren, welche Dinge dir Energie geben und welche dich Energie kosten. Dein Leben muss sich immer an den zwei wichtigsten Ressourcen orientieren. Energie und Zeit. Denn beide sind endlich und kostbar.

Folgende Bereiche haben den größten Einfluss auf deine Energie:

- Ernährung
- Schlaf
- Regeneration

- Sport
- Stress
- Emotionen

Um außergewöhnliche Fitness zu erlangen, wirst du hart trainieren müssen. Dein Körper benötigt aber auch Pausen und Regeneration, um eine Leistungssteigerung entwickeln zu können. Nach dem Training versucht der Körper alles, um bei der nächsten Einheit besser vorbereitet zu sein. Er füllt die Energiespeicher wieder auf, repariert Schäden, und versucht die Reservekapazitäten zu erhöhen. In der Trainingslehre nennt man dieses Prinzip Superkompensation. Der Körper stellt in der Ruhephase nicht nur das Leistungsniveau wieder her, sondern bereitet den Körper darauf vor, das nächste Mal etwas mehr leisten zu können. Ist die Erholungsphase zu kurz, hatte der Körper noch nicht genügen Zeit um das höhere Leistungsniveau erreichen zu können. Ist die Ruhephase zu lang, baut der Körper aus Effizienzgründen die Leistungsfähigkeit wieder ab.

Es gibt Zeiten für harte Arbeit und Zeiten für Regeneration. Plan dir diese Zeiten in deinen Tagesplan ein und vermische sie nicht. Wenn du in einer Erholungsphase bist, darfst du nicht noch nebenher etwas Anderes erledigen. Auch die Erholung braucht deine volle Aufmerksamkeit. Es ist wichtig, dass du verstehst, dass eine ausgewogene Balance zwischen Arbeit, Training und Erholung existieren muss, um langfristig produktiv und erfolgreich zu werden. Dabei musst du allen drei Bereichen deine volle Aufmerksamkeit schenken. Jedem zu seiner Zeit.

Werde zu deinem Alpha-Ich!

Plane dir jeden Tag eine Ruhephase ein. Hattest du am Vortag ein hartes Training, sollte das natürlich besonders berücksichtigt werden. Aber völlig unabhängig von deiner zusätzlichen Trainingserholung sollte jeder Tag mindestens 20 Minuten Erholung vorsehen. In dieser Zeit kannst du einen Spaziergang machen, Meditieren, Yoga, autogenes Training machen, eben alles, was dir Ruhe bringt. Wichtig ist, dass sich dein Geist beruhigen kann und dein Stresslevel merklich absinkt.

Das Helden Handbuch

DEIN MORGENRITUAL

»Finde jeden Tag einen ruhigen Ort und atme tief durch!«

Dein Morgenritual ist eines der wichtigsten Elemente deines Trainings. Wenn du das Kapitel »Der frühe Vogel« aus dem ersten Teil des Buchs noch nicht gelesen hast, hole das jetzt nach.

Ein Morgenritual gibt dir die Ausrichtung und Routine, die du brauchst, um den besten Nutzen aus deinem Morgen zu ziehen. Wie bereits beschrieben, sollte das Setzen von Tageszielen ein Teil deines Morgenrituals sein. In deinem Morgenritual solltest du auch immer die wichtigste Aufgabe des Tages erledigen. Wenn du wie ich an einem Buch schreibst, wäre das zum Beispiel mindesten eine Seite zu schreiben. Wenn du ein Produkt auf den Markt bringen möchtest, arbeite mindestens eine Stunde daran.

Ein weiterer Teil meines Morgenrituals ist es mir Inspiration von Vorbildern zu holen, die schon deutlich weiter auf ihrem Weg zum Alpha-Ich sind als ich selbst. Im Moment schaue ich morgens oft ein Video auf YouTube von Gary Vaynerchuk, Robin Sharma oder anderen inspirierenden Persönlichkeiten, die mir einen Motivationskick für den Tag geben.

Um deinen Körper in die beste Form deines Lebens zu bringen, solltest du eine Sporteinheit in dein Morgenritual einbauen. Aber auch ohne ein klares sportliches Ziel ist eine Sporteinheit am Morgen sinnvoll. Das Aktivieren des Herz-Kreislaufsystems und das Ankurbeln deines Stoffwechsels ist ein wichtiges Element, um wach und klar an deinen anderen Zielen arbeiten zu können.

Dein Wecker klingelt um 5 Uhr. Du musst nun direkt aufstehen. Kein Umdrehen und kein Jammern! Greife den Tag an! Nach dem du nun zwischen 7 und 9 Stunden geschlafen hast, solltest du als aller erstes ein Glas klares Wasser trinken. Dein Körper hat für viele Stunden keinen Nachschub bekommen und ist nicht genug hydriert. Da dein Gehirn und auch der Rest deines Körpers zu großen Teilen aus Wasser bestehen, ist das eine Grundvoraussetzung für ein erfolgreiches Training und deine Arbeit. Danach kannst du entweder die wichtigste Aufgabe oder eine Sporteinheit einschieben. Wenn du abnehmen möchtest, trainiere mit leeren Magen. Wenn du zu dünn bist und Muskeln aufbauen möchtest, ein sogenannter Hardgainer, solltest du vor dem Training etwas Kohlenhydrate und Eiweiße zu dir nehmen.

Nachdem du deine morgendliche Sporteinheit abgeschlossen hast, ist es an der Zeit kalt zu duschen. Das klingt hart und das ist es auch. Ich werde dir im nächsten Kapitel genauer erklären, warum kalt duschen eines der großartigsten Mittel ist, um dich in dein Alpha-Ich zu transformieren.

Wenn du dein Morgenritual abgeschlossen hast, solltest du im besten Fall noch ein paar Minuten übrighaben, um dir kurz etwas Ruhe zu gönnen. 5 Minuten durchatmen sollten bereits genügen. Danach bist du bereit für den Tag.

Starte genau dieses Programm jeden Morgen erneut. Das ist der Weg zum Ziel.

Das Helden Handbuch

KALT DUSCHEN

»Wer will findet Wege, wer nicht will, findet Gründe!«

Der Mensch existiert seit 1,7 Millionen Jahren. Noch vor einem Jahrhundert war es nur den Reichen vorbehalten, regelmäßig und mit warmem Wasser zu baden. Der Großteil der Bevölkerung hatte ausschließlich kaltes Wasser zur Verfügung. Heutzutage ist es völlig normal, warmes Wasser aus der Leitung zu zapfen. Kaum jemand macht sich noch Gedanken über diesen »Luxus«. Es wird Zeit sich zurück zu besinnen. Denn das Duschen mit kaltem Wasser, ist dem Warmduschen in jeder Hinsicht überlegen.

Machen wir noch einmal einen kurzen Ausflug in die Vergangenheit. Die Spartaner sind heute bekannt als die ultimativen Krieger des hellenischen Reiches. Ihre Kampfeshärte ist legendär. In Sparta war die Körperreinigung mit warmem Wasser verrufen. Es würde dem Krieger die Kampfeshärte nehmen und seine Männlichkeit schmälern. Eiskaltes Wasser machte den Geist und Körper der Krieger stark und widerstandsfähig. Neben dem harten Training und dem Verzicht auf Komfort und Luxus war das eiskalte Wasser einer der Schlüsselfaktoren der Spartaner. Heißes Wasser wurde nur den Kranken und Alten erlaubt. Man sprang in eiskalte Flüsse oder stellte sich unter Wasserfälle. Auch die Germanen, eines der zähesten Völker, härteten sich mit kaltem Wasser ab.

Dein Alpha-Ich ist stark und widerstandsfähig. Dein Alpha-Ich duscht kalt. Es wird also Zeit unter die Dusche zu steigen. Wenn du den Wasserhahn aufdrehst, strömt das kalte Wasser aus der Leitung unbarmherzig auf deine noch bettwarme Haut und deine Müdigkeit weicht in einer Schrecksekunde. Dein Körper reagiert mit Schnappatmung. Du wirst innerhalb von Millisekunden in den Kampf- und Flucht-Modus katapultiert. Dein Blut rauscht durch deinen Körper und gibt dir einen Kaltstart von 0 auf 100. Dein Herzschlag beschleunigt sich und deine Muskeln spannen sich an. Die Poren schließen sich und deine Haut zieht sich wie ein Panzer um deinen Körper. Du erreichst innerhalb von Sekunden einen Zustand von Klarheit. Die Müdigkeit ist wie weggeblasen und du bist bereit deinen Tag zu dominieren.

Sich jeden verdammten Tag unter die kalte Dusche zu stellen kostet einiges an Überwindung. Du trainierst deine Willenskraft und kämpfst gleich morgens deinen ersten Kampf mit dir selbst und deinem Schweinehund. Dadurch werden dir die anderen Herausforderungen die im Laufe des Tages auf dich zukommen viel einfacher fallen. Kalt zu duschen reinigt deinen Geist und macht ihn frei für den Tag. Du wirst deutlich weniger gestresst sein und durch das kalte Wasser werden chemische Botenstoffe ausgeschüttet, die deine Stimmung aufhellen. Es mildert sogar depressive Zustände. Kalt duschen ist das Bad-Ass Mentaltraining auf deinem Weg zum Alpha-Ich.

Neben den Effekten auf deinen Geist wirkt die kalte Dusche auch direkt auf deinen Körper. Wechselduschen stärken das Immunsystem und trainieren deinen Körper um seine Heizung, die Thermogenese, effizienter einzusetzen. Dadurch frierst du viel seltener und kannst dich besser an unterschiedliche Umgebungen anpassen. Durch das kalte Wasser schließen sich die Poren und dein Hautbild wird sich mit der Zeit deutlich verbessern. Für Männer hat das kalte Duschen den positiven Effekt, dass die Testosteron Produktion angekurbelt wird. Wer als Mann also kalt duscht, ist nicht nur bildlich gesprochen, sondern im wahrsten Sinne des Wortes männlicher.

Auf deinem Weg zum Alpha-Ich wirst du viel und hart trainieren. Um deine Regenerationszeit so kurz wie möglich zu halten und den Muskelkater einzudämmen führt an Kälte kein Weg vorbei. Um jeden Tag trainieren zu können, musst du deinem Körper helfen, schnell wieder fit zu werden. In vielen Studien wurde nachgewiesen, dass Kälte die Regeneration beschleunigt, Erschöpfungszustände verringert und Muskelkater lindert. Deshalb springen auch so viele Topathleten in die Eis-Tonne. Das ist noch eine Stufe härter, und wenn du die kalte Dusche gemeistert hast, kannst du gerne den nächsten Schritt gehen und mit dem Eisbaden beginnen.

Während der kalten Dusche verliert dein Körper viel Wärme. Das Aufheizen des Körpers ist extrem Kalorien intensiv. Daher wird der Stoffwechsel angekurbelt und der Kalorienumsatz steigt enorm. Du kannst also mit einer kalten Dusche sehr effektiv zum Abnehmen beitragen. Zusätzlich regt die kalte Dusche den Körper an, weißes Fett (WAT) in braunes Fett (BAT) umzubauen. Der große Vorteil ist, dass das braune Fett Mitochondrien besitzt. Das sind die Kraftwerke der Zelle, die in der Lage sind Energie umzusetzen und Kalorien zu verbrennen. Also viele kleine Helfer, um dein Grundumsatz hochzuhalten.

Du willst einen ultra-durchtrainierten Körper haben? Du willst dein Alpha-Ich, die beste Version von dir selbst, erschaffen? Meine Damen und Herren, dann führt kein Weg an der kalten Dusche vorbei.

Und jetzt genug gelesen. Ab ins Bad mit dir. Den Mischregler auf kalt stellen, auf 3 zählen und unters Wasser. Jetzt startet der Kampf gegen dich selbst!

HARTES TRAINING

»Wenn dein Kopf sagt, es geht nicht mehr, hast du gerade mal 40% deines vollen Potenzials erreicht!«

Um den Alpha-Ich Status zu erreichen, musst du deinen Körper stählen. Du musst nicht nur trainiert sein, oder sportlich, sondern wirklich topfit. Dabei spielen Kraft und Ausdauer eine wichtige Rolle. Sie müssen beide ausgewogen trainiert sein. Hartes Training zeugt von einem harten Geist und der Willenskraft an seine Grenzen zu gehen. Während du deinen Körper trainierst, lernst du selbst die Kontrolle über dein Leben zu übernehmen. Das Training gibt dir die Kraft und die Ausdauer jede Herausforderung in deinem Leben anpacken zu können.

Schau dir einmal alte Menschen an die im Leben keinen oder nur wenig Sport gemacht haben und nicht trainieren. Sie sind fast immer schwächlich, krumm und zerbrechlich. Im Gegensatz dazu sind Sportler auch im Alter fast immer noch fit und gesund. Sie scheinen dem Tod noch ein paar Jahre davon laufen zu können.

Ein gesunder Geist benötigt einen gesunden Körper, um sich richtig entfalten zu können. Dein Alpha-Ich wird daher auf das Training von Geist und Körper achten.

Hier mal die häufigsten Gründe, warum die meisten Menschen einen beschissenen Körper haben:

- Sie bewegen sie nicht mehr als sie müssen
- Sie trainieren nicht mit Gewichten
- Sie trainieren ausschließlich mit Gewichten
- Sie haben keinen Trainingsplan
- Sie trinken mehr als 5 alkoholische Getränke in der Woche
- Sie arbeiten nicht hart genug, wenn sie trainieren
- Sie sitzen zu viel
- Sie kümmern sich nicht um ihre Ernährung
- Sie lesen zu viel über das Trainieren, statt es einfach zu tun
- Sie trainieren nur die Dinge, die ihnen Spaß machen
- Sie führen die Übungen falsch aus und trainieren damit die falschen Muskeln
- Sie essen viel zu wenig
- Sie essen viel zu viel
- Sie variieren ihr Training nicht

Die überwältigende Mehrheit der Menschen macht Lulli-Sport. Ein bisschen trainieren, aber bitte nicht zu anstrengend. Schwitzen am liebsten nur beim Verzehr der scharfen Currywurst. Spätestens an dem Punkt, an dem das Training härter wird, und der Körper wirklich einen Trainingseffekt spüren würde, brechen sie lieber ab, da »mehr einfach nicht drin war«.

Jetzt ist Schluss mit Lulli-Sport. Dafür ist deine Lebenszeit zu schade. Wenn du dir die Zeit nimmst für eine Sporteinheit, dann mach sie maximal effektiv. Training muss hart sein, Training muss weh tun und an deinen Grenzen gehen. Als Regeneration kannst du dann eine einfache Sporteinheit einstreuen, statt auf dem Sofa zu liegen. Wenn du also trainierst, dann konzentrier dich voll auf dein Training. Auch wenn du beim Sport andere Menschen triffst, mach dir klar, dass du nicht dort bist, um abzuhängen. Auch hier gilt das Prinzip, den Fokus zu behalten und Ablenkungen zu vermeiden.

Mach deine Pausen beim Krafttraining nicht zu lang. Wenn du einen anderen Muskel trainierst, reicht dir sogar die Zeit um das Gerät zu wechseln als Erholungspause vollkommen aus. Pause kannst du nach dem Training machen. Dann hast du es dir verdient.

Dein Training sollte 4 bis 6 Mal die Woche stattfinden. Je nachdem was deine Ziele sind, kannst du deinen Schwerpunkt auf Kraft oder Ausdauer legen. Ist dein Schwerpunkt das Ausdauertraining, planst du dir 4 Mal Ausdauertraining ein. In den Tagen dazwischen kannst du mit Bodyweight-, HIT- oder Crossfit-Training den Kraftteil ergänzen.

Ist dein Schwerpunkt auf Kraft, ist es etwas einfacher, da du mit einem Split-Training der Muskelpartien fast jeden Tag trainieren kannst. An einem Tag trainierst du Brust, Bizeps und Bauch, an einem anderen Tag dann Rücken, Trizeps und Beine. Es gibt unzählige gute Split-Trainingspläne kostenlos im Internet. Es ist jedoch unverzichtbar, auch Ausdauer-Einheiten in dein Training aufzunehmen.

Ein Alpha-Training hat immer zum Ziel deinen Körper zu einer Maschine zu machen. Ein klarer Fokus auf Kraft- oder Ausdauertraining ist für Spezialisten wie Bodybuilder oder professionelle Marathonläufer sinnvoll, aber dein Alpha-Ich wirst du nur erreichen, wenn du beides hart trainierst.

Du kannst bereits viel mehr leisten, als du dir selbst zutraust. Die Navy Seals, die härteste Kampfeinheit der amerikanischen Navy, hat dafür eine Regel. Wenn dein

Kopf dir sagt, dass du deine Leistungsgrenze erreicht hast, bist du gerademal bei 40% der möglichen Leistung angekommen. Führe dir das immer vor Augen, wenn du kurz davor bist aufzugeben.

Es ist Zeit für einen Test. Und zwar wirklich jetzt gleich. Keine Ausreden. Such dir einen Platz, an dem du Liegestütze machen kannst.

Wie viele Liegestütze kannst du im Moment?

- Mach so viele, wie du kannst!
- Danach machst du 1 Minute Pause.
- Mach erneut so viele, wie du kannst und erneut 1 Minute Pause.
- Und nun mach dieses Spiel weiter, bis du 100 Liegestütze gemacht hast!

Du glaubst nicht, dass du das schaffst? Ich bin mir sicher, dass du es schaffst 100 Stück zu erreichen, wenn du es wirklich willst. Du kannst in der Stützposition bleiben, bis du wieder genug Kraft hast, um eine weitere Wiederholung machen zu können. Auch wenn du nur noch eine Wiederholung machst und danach eine lange Pause. Zieh es durch, bis du dein Ziel erreicht hast. Heute wird der erste Tag in deinem Leben sein, an dem du 100 Liegestütze gemacht hast. Solltest du bereits so gut trainiert sein, dass diese Aufgabe keine Herausforderung für dich darstellt, dann pass dir das Ziel entsprechend auf 300 oder besser 500 an.

Und jetzt runter mit dir auf den Boden! Hier wird erst weitergelesen, wenn du die 100 erreicht hast. Durch lesen allein wirst du niemals zu deinem Alpha-Ich werden!

Na, Hast du die 100 Liegestütze geschafft?

Ja? Glückwunsch und Willkommen in der Welt des wirklichen Trainings.

Nein? Dann versuche, die fehlenden Wiederholungen in ca. 15 Minuten nachzuholen. Du bist zu kurz vor dem Ziel, um aufzugeben!

Du musst dich immer an deine Grenzen pushen, um wirklich Resultate zu erreichen. Wenn du dir schwertust, an deine Grenzen zu gehen, hilft es in einem Team oder in einer Gruppe zu trainieren. Mit einem oder mehreren Trainingspartnern kann man sich gegenseitig motivieren und helfen. Unterschätze nicht den Ehrgeiz, den du entwickelst, wenn du siehst, was andere leisten können. Wettkampf ist ein effektiver Motivator.

Alternativ kannst du dir auch Hilfe von Apps und Trainingsplänen holen. Wenn dein Trainingspensum vorgegeben ist, ist es viel wahrscheinlicher das du es durchziehst und an deinen Grenzen gehst, als wenn du planlos zum Training gehst und spontan entscheidest was und wie viel du trainierst. Für mich hat die App Freeletics hervorragend funktioniert, um mich im Training bis an meine Grenzen zu verausgaben. Hier kann ich eine klare Empfehlung aussprechen.

Du kannst noch zusätzlich mit vielen anderen Maßnahmen deinem Körper helfen, sich zu verbessern. Wenn du einen Schreibtischjob hast, setze alles daran einen Steharbeitsplatz einzurichten. Dabei kannst du auch kreativ sein. Solltest du keinen Stehschreibtisch bekommen, kannst du auch schauen, ob die Sideboards und Schränke im Büro die richtige Höhe für dich haben. Ich habe für mich einfach zwei Sideboards zusammengeschoben und darauf meinen Arbeitsplatz eingerichtet. Wenn du ein Notebook hast, kannst du dir einfach einen Platz suchen, an dem du im Stehen arbeiten kannst.

Alleine durch das Stehen verbrennst du mehr als 600 Kalorien in der Woche. Dein Puls ist etwas höher, was gut für dein Herzkreislaufsystem ist. Auch für deinen Rücken ist das Stehen deutlich schonender. Das Diabetes- und Schlaganfallrisiko sinkt und die Knochen und Muskeln werden gestärkt. Einige Studien haben gezeigt, dass Menschen die täglich mehr als 6 Stunden sitzen eine bis zu 25% höhere Sterberate hatten, als Menschen die weniger als 4 Stunden sitzen. Der menschliche Körper hat sich über Millionen Jahre auf Bewegung optimiert. Es ist nicht dafür gemacht, 9 Stunden am Tag zu sitzen.

In einer anderen Studie, die in Dänemark durchgeführt wurde, haben Mediziner untersucht, wie schnell Muskulatur abbaut, wenn nicht mehr trainiert wird. Dafür wurde den Probanden zwei Wochen lang ein Bein mit einer Knieschiene fixiert. Zuvor wurde die Kraft der Beinmuskulatur gemessen. Nach den zwei Wochen hatten die Männer zwischen einem Drittel und einem Viertel ihrer Beinkraft verloren und intensiv Muskelmasse abgebaut.

Das wirklich Erschreckende war aber, dass sogar nach 6 Wochen Training auf dem Fahrradergometer, die ursprüngliche Kraft und Masse nicht wieder vollständig aufgebaut war. Das ist die dreifache Zeit! Wenn du also eine Trainingspause einlegst, baut dein Körper enorm schnell ab. Um auf dein heutiges Fitnesslevel zurückzukommen, musst du über drei Mal so lange trainieren, als du pausiert hast. Es ist also besser, nicht mit dem Training aufzuhören.

Dein Körper ist dazu da, dir zu dienen. Er soll dir ermöglichen die Dinge zu tun, die du möchtest. Kontrolliere deinen Hunger, deinen Appetit, dein Training und deinen Bewegungsdrang, deine Energie und Müdigkeit und deine Gesundheit. Lebe dein Leben nicht so, als würdest du deinem Körper dienen. Die Kontrolle muss bei dir bleiben.

Das Helden Handbuch

DU BIST WAS DU ISST

*»Ob du daran glaubst,
dass du versagen wirst,
oder dass du erfolgreich bist.
Du wirst immer recht haben.«*

Die meisten Menschen machen sich keine großen Gedanken, was sie essen.

Viele haben ein vages Gefühl dafür, dass man sich gesund ernähren sollte und dass Burger und Pizza schlecht sind. Dadurch ändern sie aber nichts an ihren Essgewohnheiten.

Wenn du den Zustand des Alpha-Ichs erreichen willst, musst du dir über den großen Einfluss der Ernährung auf deinen Körper bewusstwerden. Für jegliche Leistung benötigst du Energie. Ob für geistige oder körperliche Tätigkeiten, Energie ist immer die Grundlage. Diese Energie muss dein Körper aus der zugeführten Nahrung gewinnen. Dabei wird oft völlig unterschätzt, welchen Einfluss die Auswahl und Qualität der Nahrung auf die Leistungsfähigkeit und Stimmung hat.

Essen und Trinken sind wie das Benzin und das Öl beim Motor. Wenn du schlechte Qualität kaufst, oder Diesel statt Benzin in deinen Benziner tankst, wird dein Wagen nicht fahren. Damit kannst du selbst den stärksten Motor zur Strecke bringen.

Das Verdauungssystem benötigt selbst einiges an Energie, um die zugeführte Nahrung zu verarbeiten. Daher spielt auch der Zeitpunkt, zu dem man dem Körper Nahrung zuführt, eine wichtige Rolle. Beginnt das

Verdauungssystem erst einmal zu arbeiten, wird ein Teil deiner verfügbaren Energie dafür abgezweigt.

Im Laufe der Zeit ist mir bei der Auswahl der Nahrung aufgefallen, dass mir manche Lebensmittel mehr Kraft und Energie geben. Andere machten mit eher schlapp und müde. Ich unterscheide deshalb zwischen energiegebenden und energieverbrauchenden Lebensmitteln. Manche Lebensmittel scheinen mehr Energie zu kosten, als sie geben. Diese gilt es zu vermeiden. Welche das genau sind, werden wir gleich näher betrachten.

Übergeordnet kann man sagen, es gibt bei der Ernährung drei wichtige Bereiche: Trinken, Essen und Genussmittel. Und wir werden uns jeden Teil nun einzeln genauer anschauen.

TRINKEN

Dein Körper besteht, je nach Alter bis zu 65% aus Wasser. Dein Gehirn besteht zu 74% aus Wasser, deine Muskeln bestehen sogar zu 75% aus Wasser. Es ist Hauptbestandteil deines Bluts, deiner Lymphe und allen anderen im Körper zirkulierenden Flüssigkeiten. Zusätzlich ist Wasser ein wichtiger Bestandteil innerhalb von Gefäßen und Zellen. Deine Augen enthalten zum Beispiel Kammerwasser, um funktionieren zu können. Sogar Knochen benötigen Wasser. Es regelt das Herzkreislaufsystem und die Verdauung, ist Lösemittel für Salze und Transportmittel für Nährstoffe und Abbauprodukte. Über das Schwitzen reguliert der Körper mit Hilfe von Wasser die Körpertemperatur.

Spätestens jetzt sollte klar sein, dass es eine gute Idee ist, regelmäßig die Wasserreserven im Körper wieder aufzufüllen, damit alle Organe ideal funktionieren können.

Wenn du ein Defizit von nur 2% Wasser im Körper hast, ist deine körperliche und geistige Leistungsfähigkeit bereits deutlich eingeschränkt. Bei 10% reagiert der Körper mit starken Krankheitssymptomen. 20% und mehr führen unweigerlich zum Tod.

Ohne Nahrung kann ein Mensch, je nach Fettreserven, einige Wochen überleben. Ohne Wasser überleben wir maximal wenige Tage.

Falls du bisher pures Wasser nicht auf deiner Speisekarte hast, ist es jetzt an der Zeit dein Trinkverhalten umzustellen. Limonaden, Kaffee und alkoholische Getränke zählen ab jetzt nicht mehr als Flüssigkeitszufuhr, sondern als Genussmittel und sollten die Ausnahme sein. Morgens nach dem Aufstehen ist dein erster Gang zum Wasserhahn oder zu einer Wasserflasche um den Flüssigkeitsverlust der Nacht wieder auszugleichen. Du hast über viele Stunden kein Wasser zu dir genommen und es ist allerhöchste Zeit dieses Defizit auszugleichen.

Über den Tag verteilt solltest du mindestens 2-3 Liter Wasser trinken. Am besten gewöhnst du dir an, 30 Minuten vor und nach dem Essen ein Glas Wasser zu trinken. Dadurch reduzierst du dein Hungergefühl und sorgst für genügend Flüssigkeitsaufnahme.

Da du bei deinem täglichen Training mehr Wasser verlierst, musst du diesen Verlust zusätzlich ausgleichen. Ob du gut hydriert bist, erkennst du an der Farbe deines Urins. Wenn dein Urin nicht durchsichtig und hell-gelb ist, musst du deutlich mehr trinken.

Da du beim Sport auch erheblich Elektrolyte über den Schweiß verlierst, solltest du hin und wieder Getränke zu dir nehmen die Natrium, Kalium, Calcium, Magnesium, Chlorid, Phosphat oder Hydrogencarbonat enthalten. Diese sogenannten Elektrolyte sind sehr wichtig für deine Zellen, um funktionieren zu können. Neben speziellen Elektrolyt Lösungen hilft auch meist eine Apfelschorle, um die Tanks wieder aufzufüllen.

ESSEN

Das Essen hat den größten Einfluss auf deinen Energiehaushalt. Die Auswahl der Nahrungsmittel spielt eine wichtige Rolle darin, wie produktiv und vital du deinen Tag gestalten kannst. Dabei gibt es ein paar fundamentale Fehler, die du auf jeden Fall vermeiden musst.

Um das Essen aufzuspalten, benötigt dein Verdauungssystem Energie. Wenn du spät abends vor dem Schlafengehen noch etwas isst, wird dein Körper die Nacht über mit der Verdauung der Nahrung beschäftigt sein. Dadurch kommt dein System nicht richtig zu Ruhe und du wirst am nächsten Tag schlapp und müde aufwachen. Esse nicht mehr nach 18:30 Uhr, um deinem Körper nachts die Ruhe zu gönnen, die er benötigt um deine Akkus wieder aufzutanken. Dadurch wirst du morgens mit einem Hungergefühl aufwachen und dein Körper verlangt nach einem Frühstück. Das Frühstück ist die wichtigste Mahlzeit des Tages und sollte niemals ausfallen. Mit der Nahrung, die du morgens zu dir nimmst, setzt du dein Energielevel für den Tag und hast großen Einfluss auf deine Leistungsfähigkeit. Ein ideales Frühstück ist zum Beispiel ein Müsli oder Haferflocken mit Mandeln, frischen Trauben und Hafermilch. Ich persönlich vermeide Kuhmilch weitestgehend, da ich glaube, dass in der Muttermilch viele wachstumssteigernde Hormone enthalten sind. Die Wissenschaft ist sich hier jedoch noch nicht einig. Für mich macht das aber absolut Sinn, da das Kalb ja wachsen muss und soll. Ich glaube, dass heutzutage viele Krebserkrankungen genau auf diese zellwachstumssteigernde Wirkung der Milch zurückzuführen sind. Wir Menschen sollten von Natur aus, nicht länger als die ersten Lebensjahre Milch trinken. Der unnatürliche Konsum von Kuhmilch bis ins hohe Lebensalter ist definitiv nicht so von der Natur vorgesehen. Da ich kein Mediziner oder Ernährungswissenschaftler bin, handelt es sich hier ausschließlich um meine Meinung.

Esse so frisch und direkt wie möglich. Mit jedem Verarbeitungsschritt wird ein Nahrungsmittel weniger wertvoll für den Körper. Vermeide »Processed Food«, also Essen, das bereits industriell vorgekocht und vorverarbeitet ist. Stattdessen sollte der Großteil deiner Nahrung aus frischem Obst, Gemüse, Nüssen und anderen unverarbeiteten Dingen bestehen. Versuche so zu Essen wie es deine Groß- oder Urgroßeltern gemacht haben. Kartoffeln, anderes Gemüse und Obst waren die Hauptbestandteile der Ernährung.

Wenn dir diese Art der Ernährung nun langweilig und nicht genussvoll vorkommt, musst du deine Einstellung zum Essen überdenken. Wir ernähren uns in erster Linie, um unseren Organismus am Leben zu erhalten und unsere Energiespeicher aufzufüllen. Das ständige Genussessen ist ein Phänomen der Neuzeit. Heutzutage ist der Genuss die Hauptmotivation des Essens geworden. Auf dem Weg zum Alpha-Ich kommst du um die Rückbesinnung auf den eigentlichen Grund des Essens nicht herum. Es wird also Zeit, deine Nahrungsmittel nicht mehr nach den Kriterien Geschmack und Gelüste auszuwählen, sondern nach Energiegehalt und Gesundheit. Das Genussessen solltest du dir immer dann gönnen, wenn du einen Meilenstein

Werde zu deinem Alpha-Ich!

oder ein Zwischenziel erreicht hast. Immer dann belohnst du dich mit einer besonderen Mahlzeit, auf die du gerade besonders Lust hast.

Achte darauf, dass du deinem Körper jeden Tag eine Hungerphase gönnst. Wenn du dauerhaft satt bist, und immer kleine Mahlzeiten einnimmst, schüttet die Bauchspeicheldrüse dauerhaft Insulin aus. Das wiederum verhindert die Ausschüttung anderer Stoffe, die für den Bewegungsdrang und andere wichtige Prozesse zuständig sind. Dabei sollst du nicht stunden- oder sogar tagelang hungern, sondern nur jeden Tag mindestens einmal wirklich in den Hungerzustand kommen.

Um Gewicht zu verlieren, ist es zwingend notwendig, eine negative Kalorienbilanz zu erreichen. Das heißt, dass du weniger Kalorien zu dir nimmst, als du verbrauchst. Wirklich praktikabel und langfristig kann man das nur erreichen, wenn man seine Ernährung etwas reduziert und gleichzeitig Sport macht. Für mich war dabei eine App eine große Hilfe, mit der ich meine Kalorien recht einfach zählen konnte. Mithilfe einer großen Lebensmitteldatenbank kann man damit schnell und einfach die zugeführten Kalorien dokumentieren und den Überblick behalten. Ohne dieses Kontrollinstrument habe ich oft schnell den Überblick verloren.

Um Muskulatur aufbauen zu können, musst du deinem Körper genug Proteine zuführen. Der Körper verwendet das Eiweiß, um daraus die Muskelfasern zu bilden und zu vergrößern. Proteinreiche Lebensmittel sind zum Beispiel Quark, Fisch, Ei, Harzer-Käse oder Geflügel. Wenn du möchtest, kannst du hier auch mit Proteinshakes unterstützen, um sicherzustellen, dass du deinem Körper genügend Eiweiß zur Verfügung stellst.

In speziellen Trainingsphasen kannst du den Fokus deiner Ernährung auf Proteine legen und die Kohlenhydrate im Gegenzug reduzieren. Diese Art der Ernährung nennt man auch Low-Carb High-Protein Ernährung. Damit kannst du recht schnell Ergebnisse erzielen. Das solltest du aber nicht länger als 1-2 Wochen machen, denn bei dieser Art der Ernährung fehlen dir mit der Zeit wichtige Nährstoffe. Im Normalfall bestehen etwa 50% deiner Nahrung aus Kohlenhydraten, 30% aus Proteinen und 20% aus Fetten. Wenn du dich noch tiefergehender mit dem Thema Ernährung beschäftigen möchtest, empfehle ich dir, weitere Bücher zu lesen, die sich ausschließlich damit befassen. Es ist äußerst faszinierend, wie die einzelnen Bestandteile der Nahrung Einfluss auf den Körper haben. Für deinen Weg zum Alpha-Ich ist dieses Wissen aber nicht zwingend notwendig, daher wollen wir nicht noch tiefer in Details gehen.

Die Kohlenhydrate unterteilen sich in zwei Arten. Langkettige und kurzkettige Kohlenhydrate. Die kurzkettigen Kohlenhydrate werden vom Körper schnell verarbeitet und erhöhen den Blutzuckerspiegel rasch. Hierunter fällt zum Beispiel der Zucker in Süßigkeiten. Langkettige Kohlenhydrate, wie sie zum Beispiel in Kartoffeln vorkommen, werden langsamer verarbeitet und geben dem Körper länger Energie. Der Blutzuckerspiegel bleibt dabei länger stabil und man ist länger satt.

Süßigkeiten sind bei der Ernährung ein großes Problem. Der hohe Kaloriengehalt und der hohe Anteil an Kohlenhydraten ist einer der Gründe, warum die Menschheit immer dicker wird. Zucker wirkt dabei wie eine schnell abhängig machende Droge. Nachdem du etwas Süßes gegessen hast, will dein Körper schon nach kurzer Zeit wieder Nachschub. Dein Verlangen nach Süßigkeiten wächst dabei in der Menge und Häufigkeit mit jedem Mal. Um diesen Kreis zu durchbrechen, musst du dich auf einen kalten Entzug setzen. Die ersten Wochen wird es noch sehr hart sein, keine Süßigkeiten zu dir zu nehmen. Mit der Zeit wird der Drang jedoch weniger werden. Genau wie bei anderen Suchtmitteln wirst du es niemals ganz loswerden. Im Moment der Verführung heißt es dann stark bleiben.

Es ist nun an der Zeit deine Ernährung umzustellen. Dafür gibt es zwei Strategien. Strategie Nummer 1 ist die Effektivste. Geh in deine Küche und sammle alle ungesunden Lebensmittel zusammen. Durchsuche alle Schranke und stelle alle Lebensmittel, auch Getränke wie Limonaden, auf einen Tisch. In den meisten Fällen kommt dabei eine beeindruckend große Menge an Lebensmitteln zusammen.

Diese Sachen müssen jetzt aus dem Haus. Du kannst sie verschenken oder wegwerfen, aber du musst dich davon trennen. Wenn du das schlechte Essen nicht zuhause hast, kommst du gar nicht in die Situation, dass du in einem Moment der Schwäche doch zugreifst.

Solltest du nicht die Möglichkeit haben, dich komplett von den schlechten Lebensmitteln zu befreien, weil noch andere mit dir im selben Haushalt wohnen und deinen Weg nicht mitgehen wollen, kannst du noch auf Strategie Nummer 2 zurückgreifen. Suche im Internet nach einem Foto von einer Person, die genau den Körper hat, den du haben möchtest. Dein Traumkörper. Drucke das Foto so groß wie möglich aus und hänge es an den Süßigkeiten-

Schrank und an den Kühlschrank. Das Foto wirkt wie ein Wächter. Es ist dir nicht erlaubt, den Süßigkeiten-Schrank zu öffnen, und bevor du den Kühlschrank öffnest erinnert dich das Foto an deine Ziele. Bei mir hat diese Methode zu einer gewaltigen Umstellung meiner Naschgewohnheiten geführt, während meine Partnerin weiterhin einkaufen und essen kann, wie sie es sich wünscht. Sollten deine Schränke es zulassen, kannst du auch ein Schloss anbringen und den Schlüssel den anderen Bewohnern des Haushalts aushändigen.

GENUSSMITTEL

Lass uns als Allererstes über das Rauchen sprechen. Ich habe selbst viele Jahre geraucht, und habe es geschafft, mit Hilfe des Buchs »Endlich Nichtraucher« von Allen Carr aufzuhören. Ich weiß, dass es nicht einfach ist, ich weiß aber auch, dass es möglich ist, sich von dieser Sucht zu befreien.

Ein rauchendes Alpha-Ich ist natürlich Unsinn. Das Rauchen widerspricht in so vielen Aspekten den angestrebten Werten, dass es völlig außer Frage steht, ob man damit weitermacht.

Diese Abhängigkeit macht dich zum Sklaven der Zigaretten und nimmt dir deine Freiheit. Bei der Nikotinsucht, bestimmt dein Körper dein Verhalten und hat die volle Kontrolle über dich, statt dass du die Kontrolle über deinen Körper und dein Leben hast.

Mit jeder Zigarette schädigst du deine Gesundheit und deine Fitness nachhaltig. Die gesundheitlichen Folgen des Rauches sind dramatisch. Das Risiko von Herz-Kreislauf-Erkrankungen, Schlaganfall und Krebs steigt gewaltig an. Deine Leistungsfähigkeit nimmt dramatisch ab. Deine Kleidung und dein Körper stinken und sehen ungesund aus.

Die Geldsumme, die im Laufe des Lebens für diesen langsamen Suizid ausgegeben wird, ist beängstigend. Gehen wir mal davon aus, dass du pro Tag eine Schachtel Zigaretten rauchst. Dafür bezahlst du 5 €. Im Jahr sind das bereits 1825 €. In fünfzig Jahren sind das unglaubliche 91750 €, die du stattdessen auf dem Konto hättest. Natürlich würdest du das Geld nicht unverzinst herumliegen lassen. Auf einem Tagesgeld-Konto mit 1%

Verzinsung hättest du nach 10 Jahren bereits 19.284 €. Nach fünfzig Jahren wären auf dem Tagesgeldkonto 118.821 €. Wenn du das Geld stattdessen in einen Sparplan oder in eine Immobilie steckst und 6% Rendite erreichst, hättest du nach 50 Jahren 540.000 €.

Du bist Raucher? Es ist jetzt an der Zeit diese Sucht mit höchster Priorität und allen Mitteln anzugehen. Schluss mit Ausreden. Es ist überfällig, dass du dich einen großen Schritt Richtung Alpha-Ich bewegst und deinen Körper frei von dieser Sucht machst. Bestelle dir das Buch »Endlich Nichtraucher« oder werfe direkt alle deine Zigaretten weg und gehe in den Entzug. Nach 3 Wochen ist das Schlimmste überstanden. Arschbacken zusammenkneifen und los geht's!

Neben dem Rauchen ist auch übermäßiger Alkoholkonsum sehr schädlich für dich und deinen Körper. Solltest du jemals einen Drang verspüren Alkohol trinken zu müssen, musst du dir sofort professionelle Hilfe suchen. Alkoholsucht ist eine schwere und gefährliche Krankheit. Wenn das der Fall sein sollte, vergiss alles andere hier und lass dir helfen.

Wenn du gelegentlich etwas Alkohol trinkst, ist das erstmal kein großes Problem. Sei dir aber darüber bewusst, dass Alkohol sehr viele Kalorien hat. Mit 7kcal pro Gramm ist das fast doppelt so viel wie Zucker. Natürlich trinkt man Alkohol nicht pur. Aber ein halber Liter Bier oder ein viertel Liter Wein enthalten ungefähr 20 Gramm Alkohol. Dazu kommen noch die Kalorien der anderen Zutaten, wie Zucker, Hefe, usw.

Alkohol ist strenggenommen Gift für den Körper. Schon ein Glas Wein wirkt stark auf unser Suchtzentrum im Gehirn. Die enthemmende Wirkung von wenig Alkohol führt schon bei geringfügig höherer Dosis zur Selbstüberschätzung.

Einen Alkoholrausch solltest du deshalb dringend vermeiden. Er schädigt dein Gehirn und deinen Körper nachhaltig. Jeder Rausch ist eine Vergiftung. Die Menge an zugeführtem Alkohol entscheidet über den Grad der Vergiftung. Dein Körper benötigt je nach Alter viele Stunden oder sogar Tage, um sich von der Vergiftung zu erholen.

Mach dir ganz genau bewusst, wie viel und wann du Alkohol trinkst und verzichte darauf, wann immer es dir möglich ist. Dein Alpha-Ich strebt an, ständig die Kontrolle über deinen Körper und deinen Geist zu haben. Alkohol bewirkt genau das Gegenteil.

Als letztes Genussmittel schauen wir uns nun noch das Koffein an. Koffein ist der Wachmacher schlecht hin und ist in Kaffee, in vielen Teesorten, in Cola und in fast allen Energiedrinks enthalten. Koffein ist eigentlich ein Insektengift. Die Pflanzen produzieren es, um ihre Keimlinge vor Insektenfraß zu schützen. Für einen Erwachsenen ist eine Dosis von 10 Gramm Koffein tödlich. Ein Espresso enthält in etwa 30 Milligramm Koffein. Eine hohe Dosis des Gifts Koffein führt zu Schlaflosigkeit, Unruhe, Hör- und Sehstörungen, Herzrasen sowie Herzrhythmusstörungen.

Unser Gehirn hat Rezeptoren, an denen ein Stoff Namens Adenosin andocken kann. Dieser Stoff sorgt dafür, dass die Aktivität der Nervenzellen gedrosselt wird. Das passiert regelmäßig, wenn wir müde werden. Koffein blockiert diese Rezeptoren. Damit kann Adenosin nicht mehr andocken. Zusätzlich regt Koffein den Ausstoß von

Adrenalin an. Bei regelmäßigem Koffeinkonsum bildet der Körper einfach mehr Adenosin Rezeptoren aus. Damit versucht er auszugleichen, dass das Koffein regelmäßig viele der vorhandenen Rezeptoren blockiert. Wenn der Körper nun kein Koffein bekommt, dockt viel mehr Adenosin an, da ja auch mehr Rezeptoren vorhanden sind, und man wird deutlich schneller, häufiger und stärker müde. Ist dieser Zustand erreicht, muss man Koffein trinken, um auf den Wachheitsgrad zu kommen, den andere Nichtkaffeetrinker ganz natürlich haben.

Kaffee wirkt also nur am Anfang aufputschend und führt schnell dazu, dass man mit Kaffee gerade mal so wach wird, wie jemand der keinen Kaffee trinkt. Wenn man dann wieder eine aufputschende Wirkung haben möchte, muss man die Dosis weiter erhöhen. Ein Teufelskreis.

Bei hohem Kaffeekonsum kann bereits innerhalb von 2 Wochen eine Abhängigkeit entstehen. Die Entzugserscheinungen sind sehr unangenehm. Kopfschmerzen, Müdigkeit, Antriebslosigkeit, depressive Verstimmungen, Schwierigkeiten bei der Konzentration, Reizbarkeit und Beeinträchtigung der Wahrnehmungsfähigkeit. In manchen Fällen kommen sogar grippeartige Beschwerden hinzu.

Ein Entzug dauert zwischen 9 Tagen und zwei Wochen. Wenn du also im Moment viel Kaffee trinkst, ist es jetzt an der Zeit den Entzug für die nächsten zwei Wochen einzuplanen und dich von der Sucht zu befreien. Auch wenn es unangenehm wird, ist der Zeitraum eigentlich recht kurz. Es lohnt sich. Alternativ kannst du auf Teesorten umsteigen, die kein Koffein enthalten.

Damit bleibt die kleine »Kaffee«-Pause weiter erhalten. Nur ohne Gift Dosis.

Du solltest also auf keinen Fall täglich Kaffee trinken um eine Gewöhnung, Anpassungsreaktionen des Gehirns oder eine Sucht ausschließen zu können. Sei dir bewusst, dass Kaffeetrinker Koffein zu sich nehmen müssen, um genau so wach zu werden, wie Nicht-Kaffeetrinker von Natur aus bereits sind. Man kann also genauso wach sein, ohne Gift zu sich zu nehmen.

Dein Alpha-Ich wird definitiv auf das Gift verzichten.

Werde zu deinem Alpha-Ich!

GELD & FINANZEN

RAUS AUS DEN SCHULDEN

*»Es ist niemals ok aufzugeben,
bevor man nicht alles gegeben hat«*

Schulden sind wie selbst verordnete Sklaverei. Der erste Schritt um deine Finanzen unter Kontrolle zu bekommen, ist keine Schulden zu machen. Es gibt leider viel zu viele Menschen, die sich einen zu hohen Lebensstandard auf Pump finanzieren, den sie sich eigentlich nicht leisten können.

Bei Schulden unterscheide ich jedoch zwischen Konsumschulden und Investitionsschulden. Konsumschulden sind der Anfang vom Ende der persönlichen Freiheit. Fernseher, Autos und andere Konsumgüter verlieren schnell an Wert. Ein Urlaub ist zwar schön, jedoch auch nach zwei bis drei Wochen wieder vorbei. Die Erinnerungen verblassen schnell. Die Schulden aber bleiben länger.

Schulden solltest du nur für Investitionen machen. Von einer Investition spricht man immer dann, wenn das eingesetzte Geld nach einer gewissen Zeit Gewinn abwirft. Alle anderen Käufe sind Anschaffungen von Verbindlichkeiten und führen oft zu weiteren Folgekosten. Als Investition gilt zum Beispiel der Kauf einer Immobilie, im besten Fall wird diese dann vermietet, oder auch die Kosten für ein Studium, da du danach höchst wahrscheinlich mehr verdienen wirst. Eine Anschaffung ist zum Beispiel der Kauf eines Fernsehers und fast in allen Fällen der Kauf eines Autos.

Eine weit verbreitete Angewohnheit von Menschen die Schulden haben ist es Andere dafür verantwortlich zu machen. Der Berater hat schlecht beraten, der Chef ist zu geizig und zahlt zu wenig, die Eltern haben ein ungerechtes Testament geschrieben oder deine Talente nicht gefördert, der Vermieter will eine zu hohe Miete, und so weiter und so fort. Mach dir klar das nur du und du alleine, verantwortlich für deine finanzielle Situation bist. Du kannst dir alles Wissen aneignen, um deine Verträge selbst zu prüfen, um dein Geld gewinnbringend anzulegen und deine berufliche Situation zu verbessern. Du kannst entscheiden, welche Kredite du aufnimmst und welche Anschaffungen du tätigst. Du kannst einen Nebenjob annehmen, um deine Schulden abbezahlen zu können. Es liegt alles in deiner Hand. Niemand anderes hat die Verantwortung dafür. Und es wird keiner kommen und dich retten. Kein Millionär, der dir viel Geld schenkt. Kein Finanzguru, der dir sein geheimes Geschäftsmodell verrät. Warum sollte er das auch tun, statt selbst damit reich zu werden? Menschen, die dir so etwas versprechen, wollen dir nur etwas verkaufen. Falle nicht darauf herein. Du musst lernen dich mit Geld und Finanzen richtig gut auszukennen. Nur so kannst du Verantwortung für dein Leben übernehmen und dich aus der Schuldenfalle befreien.

Ähnlich wie beim Abnehmen, das durch eine negative Kalorienbilanz erreicht wird, muss für eine gesunde finanzielle Situation mehr Geld eingenommen als ausgegeben werden. Das funktioniert nur, wenn du wirklich Verantwortung für dein Geld übernimmst. Du musst genau wissen, wie viel Geld du für was ausgibst, und wie viel Geld du einnimmst. Es ist absolut unverantwortlich und untragbar, wenn du keine klare Übersicht über deine finanzielle Situation hast. Auch wenn dir das keinen Spaß macht, ist das ein absolutes Muss. Es geht hier um deine Existenz und nur du allein kannst dafür die Verantwortung tragen.

Stelle dir eine Bilanz auf, in der du all deine Ausgaben und Einnahmen eines Monats gegenüberstellst. In der linken Spalte listest du all deine Einnahmen auf. In der rechten Spalte stehen alle Ausgaben. Dabei kannst du gruppieren, also listest du nicht jeden einzelnen Joghurt, sondern alle Kosten für Lebensmittel als Summe auf. Für Jahresbeiträge kannst du den Betrag einfach durch 12 teilen, also monatlich umlegen. Ganz unten stehen die Gesamtsummen der Spalten. Wenn bei Einnahmen eine kleinere Zahl steht als bei Ausgaben, lebst du über deinen Verhältnissen und rutscht jeden Monat tiefer in die roten Zahlen.

Sollte das der Fall sein, musst du dringend handeln. Der erste Schritt ist, sich jeden Punkt auf der Ausgabenseite vorzunehmen und zu versuchen ihn entweder komplett los zu werden, oder ihn auf das absolute Minimum zu reduzieren. Das klingt erstmal banal, bedeutet aber, dass du für all diese Bereiche Verantwortung übernehmen musst. Verantwortung übernehmen heißt, sich in den Bereich wirklich auszukennen. Es stehen mit Sicherheit auch Versicherungen auf deiner Ausgabenliste. Es wird Zeit sich hier einzuarbeiten. Du musst lernen, welche Versicherungen du wirklich brauchst, und in welcher Höhe der Versicherungsschutz sinnvoll ist. Du musst beginnen zu vergleichen und dir Angebote machen lassen. Sei dir darüber bewusst, dass Versicherungsvertreter und

Bankberater Verkäufer sind und keine unabhängigen Berater. Entweder sie verkaufen dir die Produkte ihres Arbeitgebers, oder sie sind selbständig und verkaufen dir die Produkte, die für sie selbst am lukrativsten sind. Natürlich ist das etwas pauschalisiert, aber definitiv haben diese Berater ein berechtigtes Interesse für ihre Tätigkeit Geld zu verdienen. Du musst die Verantwortung übernehmen. Übertrage die Verantwortung nicht auf den Berater und unterschreibe Verträge, die du nicht verstehst oder bei denen du nicht 100% sicher bist, dass es genau das ist, was du brauchst und willst.

Manche Ausgaben möchtest du vielleicht gar nicht reduzieren. Wenn deine Lebensmittelkosten sehr hoch sind, weil du viele Bioprodukte kaufst, musst du für dich entscheiden, welche Produkte es dir wert sind, die höheren Kosten zu akzeptieren. Auch das bedeutet, Verantwortung zu übernehmen. Eine bewusste und klare Entscheidung zu treffen. Dafür musst du aber die Argumente parat haben, warum du dich dafür entschieden hast. Solltest du jedoch dadurch in die roten Zahlen rutschen, musst du Abstriche machen. Die Gesamtbilanz muss am Ende immer positiv sein.

Wie du die Einnahmen Seite der Bilanz verbessern kannst, werden wir uns in den kommenden Kapiteln genauer anschauen. Jetzt beschäftigen wir uns jedoch erstmal mit dem Thema Schulden.

Wenn du Schulden hast, tauchen die Raten dafür in deiner Bilanz auf der Ausgaben Seite auf. Meist ist das ein beträchtlicher Anteil. Eine Rate besteht in den meisten Fällen aus einem Tilgungsanteil, also einer Rückzahlung des Kredits und dem Zinsanteil, also den Zinsen, die für den Kredit bezahlt werden müssen. Durch die Zinsen kann die Gesamtsumme, die für eine bestimmte Kreditsumme zurückgezahlt werden muss, ein Vielfaches betragen. Beginne damit, alle Kredite aufzulisten. Dabei sind der Zinssatz und die Restschuld interessant. Informiere dich auch, welche Sondertilgungsrechte du hast und ob die Raten der Kredite anpassbar sind. Diese Informationen stehen meist im Darlehensvertrag. Als Erstes musst du die Kredite angehen, die einen hohen Zinssatz haben. Diese Kredite kosten dich am meisten Geld. Wenn du Erspartes hast, schau nach, wie hoch die Zinsen sind, die du dafür bekommst. Sind diese niedriger als die Zinsen, die du für den teuersten Kredit bezahlst, solltest du das Geld wenn möglich stattdessen für eine Sondertilgung einsetzen.

Oft kann man Kredite auch frühzeitig ablösen. Je nach Kreditstand kostet das aber eine Vorfälligkeitsgebühr. Informiere dich bei deinem Kreditgeber, wie hoch die gesamte Ablösesumme ist, und vergleiche sie mit den Kosten, die du insgesamt hast, wenn du den Kredit weiter bis zum Ende zahlst. Die günstigere Variante solltest du dann versuchen umzusetzen. Wenn du mehrere Kredite hast, lohnt es sich eventuell alle Kredite in einen einzigen umzuwandeln. Eine sogenannte Umschuldung. Solltest du irgendwo einen günstigeren Kredit bekommen, mit dem du alle anderen Kredite abbezahlen kannst, ist dies die bevorzugte Strategie.

Konzentriere dich immer auf den teuersten Kredit und versuche diesen so schnell wie möglich los zu werden. Danach geht der volle Fokus auf den zweitteuersten und so weiter. Eine Ausnahme ist, wenn du kleine Kredite hast, die nur noch ein paar Raten benötigen. Bezahle dann immer den kleinsten Kredit zuerst ab. Dadurch bekommst du schnell etwas mehr Spielraum, da du nicht so viele Kredite gleichzeitig bedienen musst. Weniger Kredite sind einfacher zu überblicken und zu verwalten.

Während der Zeit des Abzahlens heißt es knallhart sparen. Du bist in einer Scheiß-Situation, aus der du dich so schnell wie möglich befreien musst. Solange du so lebst, bist du Sklave deiner Kredite. Reduziere deine Ausgaben in deiner Übersicht so gut du kannst. Werde kreativ und verzichte auf alles, was nicht unbedingt nötig ist. Stecke jeden eingesparten Euro in die Abzahlung deiner Kredite.

Du kannst dir auch bei der Schuldnerberatung professionelle Hilfe holen. Das ist keine Schande. Mit einem Profi an deiner Seite ist die ganze Sache deutlich einfacher. Ein letzter Schritt, wenn die Sache aussichtslos ist, wäre ein Vergleich anzustreben. Dabei würden deine Gläubiger auf einen Teil ihres Geldes verzichten, aber dafür einen kleineren Anteil der Schuld zurückbezahlt bekommen. Wenn das nicht funktioniert bleibt als allerletzter Schritt die Privatinsolvenz. Lass es nicht so weit kommen, und gehe deine Schulden jetzt wie oben besprochen an.

Lass also deine Kreditkarten zuhause. Beginne mit dem teuersten oder gegebenenfalls mit dem kleinsten Kredit. Fokussiere dich darauf diesen einen Kredit abzubezahlen. Hör auf Dinge zu kaufen, die du nicht brauchst.

Etwas auf Pump zu kaufen ist fast immer eine sehr schlechte Idee. Wenn du das Geld dafür noch nicht hast, überlege dir eine Strategie, wie du das Geld dafür verdienen kannst. Erst wenn du dir die Sache wirklich leisten kannst, machst du die Anschaffung. Kreditkarten

Werde zu deinem Alpha-Ich!

verführen gerne dazu, Konsumschulden zu machen. Durch einen Kredit zahlst du meist ein Vielfaches des eigentlichen Anschaffungsbetrags. Lass dich nicht von null Prozent Finanzierungen täuschen. Hier wurden die Zinsen einfach zuvor in den Kaufpreis eingerechnet. Neben den zusätzlichen Kosten musst du auch noch die Zinseinnahmen oder Renditen sehen, die du mit diesem Geld stattdessen erwirtschaftet hättest.

Bei dem heutigen Technologiemarkt ist ein Fernseher schon nicht mehr sein Geld wert, wenn du damit aus dem Laden läufst. Besonders bei Neuwagen ist der Wertverlust groß. In den ersten 3 Jahren verlieren Autos rapide an Wert.

Ist man einmal in der Schuldenfalle, ist es sehr schwer, wieder herauszukommen.

Natürlich kannst du dir ein Auto kaufen, wenn du eines benötigst. Auch den großen Flachbildfernseher kannst du dir gönnen, wenn es dir wichtig ist. Jedoch erst, wenn du das Geld dafür auf der Seite hast.

Wichtig ist auch zu verstehen, dass es die finanzielle Disziplin ist, die ein schuldenfreies Leben ermöglicht. Für viele Menschen würde selbst ein Lottogewinn nichts ändern, da die Einstellung zum Geld das Problem nur vergrößern würde. Die Ausgaben würden einfach proportional ansteigen und statt einem 3er BMW wäre es dann ein Lamborghini. Mit Geld kann man sich keine finanzielle Disziplin kaufen. Diese muss man lernen. Dabei spielt es keine Rolle, wie hoch das Einkommen ist. Fange jetzt damit an.

Das Helden Handbuch

FINANZIELLER SCHUTZ

»Der erste Schritt ist oft bereits 50% des Weges.«

Da dir Schulden dein Aufbau von Vermögen sehr schwer machen, musst du sicherstellen, dass du das Thema Schulden zuerst angehst. Hast du diese Hürde gemeistert, solltest du dich an den Aufbau eines finanziellen Schutzes machen.

Im Leben gibt es immer wieder Situation, bei denen es zu größeren unerwarteten Ausgaben kommt. Eines der größten Risiken ist der Verlust des Arbeitsplatzes oder des eigenen Unternehmens.
Wie lange könntest du im Moment von deinem Erstparten leben, solltest du morgen deine Arbeit verlieren? Überschlage das nicht nur im Kopf, sondern rechne genau. Leg wirklich deine monatlichen Ausgaben zu Grunde und schaue dir die Zahlen an. Wie schnell würdest du an das Geld rankommen? Ist es in Festgeld Anlagen gebunden oder kannst du es einfach abheben?

Mit dem Aufbau eines finanziellen Schutzes stellst du sicher, dass auch in diesen Notzeiten genug Geld da ist, um die Zeit zu überbrücken.

Die Alpha-Ich Version des finanziellen Schutzes muss auch zwingend von dir selbst aufgebaut werden. Auf das Vermögen der Eltern oder von Freunden zu spekulieren, dass diese einen schon auffangen werden, ist verantwortungslos. Schneide die Nabelschnur ab und übernimm Verantwortung für dich selbst. Es wird Zeit einen Plan zu haben und sich auf die Eventualitäten der Zukunft vorzubereiten.

Wie viel Geld solltest du also als finanzielles Polster zur Verfügung haben? Ich empfehle dir, so viel Geld angespart zu haben, dass du mindestens 6 Monate davon leben kannst, sollte deine Haupteinnahmequelle wegfallen. Lege das Geld so an, das du es schnell erreichen kannst, auch wenn du dadurch erstmal keine große Rendite erwirtschaftest. Auf einem Tagesgeldkonto bekommst du zumindest noch etwas Zinsen für dein Geld. Wichtig ist, dass du schnell darauf zugreifen kannst und kein hohes Verlustrisiko besteht.

Um dein Polster aufzubauen, empfehle ich dir, dich von unnötigem Ballast zu befreien. Im Laufe der Zeit sammeln wir unzählige Dinge an, die wir nicht oder nicht mehr brauchen. All dieser Besitz lastet auf unseren Schultern und nimmt uns mehr und mehr Freiheit. Für mich war es eine der befreiendsten Situationen in meinen Leben, als ich begonnen hatte, all diese Dinge loszuwerden. Miste ordentlich aus. Ob Bücher, Spiele, Deko, alte Elektronik oder was du sonst so findest und nicht mehr nutzt. Du kannst alles über eBay, eBay Kleinanzeigen, Shpock, reBuy oder einen echten Flohmarkt zu Geld machen. Damit setzt du einen Grundstock für deinen finanziellen Schutz.

Um deinen finanziellen Schutz weiter aufzubauen, solltest du dich immer zuerst bezahlen. Das Zehnt war schon im Altertum vom Orient bis später im Mittelalter ein gängiger Brauch. Dabei wurde immer ein Zehntel der erwirtschafteten Güter oder des Geldes an die weltlichen oder religiösen Führer abgegeben. Nutze das Zehnt um dich von nun an selbst zu bezahlen. Nimm 10% deines Einkommens und lege es sofort beiseite, sobald du es bekommst. Am Ende des Monats ist oft nichts mehr von deinem Geld übrig. Daher ist es wichtig das Zehnt wegzulegen, solange du es noch hast. 10% ist ein Betrag, der dir normalerweise nicht wirklich fehlen wird. Umso geringer dein Einkommen ist, umso geringer ist auch der Betrag, den du weglegst.

Mit jeder Rate, die du beiseitelegst, steigt dein finanzieller Schutz und das Risiko eines finanziellen Super-GAUs sinkt. Dein Fokus sollte so lange auf dem Aufbau des finanziellen Schutzes bleiben, bis du genug Geld hast, um mindestens 6 Monate davon leben zu können.

Das Helden Handbuch

FINANZIELLE SICHERHEIT

*»Es gibt keinen Fahrstuhl zum Erfolg.
Du musst die Treppe nehmen.«*

Wenn du deinen finanziellen Schutz aufgebaut hast, kannst du Notsituationen bereits gut abfedern. Sollte das aber wirklich eintreten, ist das angesparte Geld danach weg. Wirkliche finanzielle Sicherheit ist erst erreicht, wenn du durch Renditen, Mieteinnahmen oder andere passive Einnahmen, deine monatlichen Unkosten decken kannst, ohne dabei dein Kapitalstock zu verringern.

Deine monatlichen Ausgaben hast du ja bereits in deiner Bilanz erarbeitet. Das ist der Betrag, den du mindestens durch passive Einnahmen abdecken musst. Wenn du also deine Ausgaben optimierst und jeden einzelnen Ausgabenpunkt genau unter die Lupe nimmst, ist es einfacher finanzielle Sicherheit zu erreichen, da die Ausgaben, die du auffangen musst, geringer sind. Der nötige Betrag hängt also stark von deinem Lebensstil ab. Daher ist es ratsam erst finanzielle Sicherheit zu erreichen, bevor du dir teure Besitztümer und damit auch hohe Unterhaltungskosten anschaffst.

Wie viel Geld du benötigst, um finanzielle Sicherheit zu erlangen, kannst du recht einfach ausrechnen. Nehmen wir an, deine monatlichen Kosten belaufen sich auf 1000 €. Also benötigst du im Jahr 12.000 € passives Einkommen. Nehmen wir weiter an, du hast dein Geld mit einer Rendite oder einem Zins von 3% angelegt. Dann müssen also 12.000 € genau 3% deines

Anlagebetrags sein. Du würdest also einen Betrag von 400.000 € benötigen, um bei 3% Zinsen finanzielle Sicherheit zu erlangen.

Da du ja das Geld für deinen finanziellen Schutz so angelegt hast, dass du schnell und einfach darauf zugreifen kannst, ist es möglich, das Geld für die finanzielle Sicherheit stärker gebunden anzulegen. Dadurch kommst du zwar nicht so schnell an das Geld heran, aber kannst höhere Renditen erzielen. Wenn du es schaffst, mehr als die geplante Rendite herauszuholen, solltest du die Mehreinnahmen nicht ausgeben, sondern dafür nutzen, deinen Anlagebetrag aufzustocken. Wichtig ist, dass du an deinem Finanzpolster selbst nicht nagst. Der Betrag, der dir die finanzielle Sicherheit bietet, darf nicht kleiner werden. Oft hört man auch die Formulierung: »Du darfst deine Gans, die dir goldene Eier legt, niemals schlachten!«

Der Aufbau der finanziellen Sicherheit kann eine ganze Weile dauern. Wenn du den Prozess beschleunigen willst, hast du zwei Möglichkeiten. Du kannst deine Einnahmequellen um neue Einkommensströme erweitern oder deine bestehenden Einnahmequellen optimieren.

Um neue Einkommensströme zu schaffen, kannst du kreativ werden. Das Einfachste ist es, sich noch einen Nebenjob zu suchen. Dadurch steigt die wöchentliche Arbeitszeit aber im Verhältnis zum Einkommen deutlich an. Das Geld ist also »aktiv« verdient.

Eine weitere Möglichkeit sind Einnahmen aus Vermietung und Verleih. Dafür musst du nicht zwingend eine Immobilie besitzen. Mit AirBnB und anderen Plattformen lässt sich auch mit deiner aktuellen Wohnung Geld verdienen. Dabei musst du aber aufpassen, dass du rechtlich alles richtigmachst. Die Einnahmen musst du bei deiner Steuererklärung angeben. Wenn es in deiner Stadt eine Kurtaxe gibt, musst du diese von deinen Gästen einsammeln und an die Stadt abführen.

Die nächste Möglichkeit um eine neue Einkommensquelle zu erschließen, ist es ein Gewerbe zu betreiben. Auf was du dabei achten musst, schauen wir uns in den kommenden Kapiteln noch genauer an.

Es gibt noch viel weitere Möglichkeiten Geld zu verdienen. Sei kreativ und schau dich um, mit was andere Menschen ihr Geld verdienen. Überlege dir aber auch, ob diese Einkommensquelle zu dir und deinen Talenten passt. Nicht jeder ist zum Alleinunterhalter auf Hochzeiten geboren, oder kann Marathonläufe gewinnen und das Preisgeld einstreichen.

Mach dir eine Übersicht über alle deine Einkommensquellen und schreibe dir Monat für Monat auf, wie viel du durch jeden Einzelnen eingenommen hast. Mit einem Diagramm kannst du dir visualisieren, wie sich dein Einkommen über die Zeit entwickelt. Mithilfe dieser Übersicht kannst du dich daranmachen, jeden Einkommensstrom zu optimieren, und versuchen mehr herauszuholen. Der größte Betrag wird höchstwahrscheinlich dein Gehalt sein. Um dein Gehalt zu verbessern, hast du zwei Möglichkeiten. Entweder du suchst dir einen besser bezahlten Job, oder du verhandelst mit deinem Arbeitgeber über eine Gehaltserhöhung. Wie du bei Gehaltsverhandlungen erfolgreicher bist, erkläre ich dir im nächsten Kapitel noch genauer. Mit der richtigen Vorgehensweise kannst du deine Chancen dabei deutlich verbessern.

Bei der Langzeit- und Kurzzeitvermietung kannst du

die Einnahmen nur durch eine Mietpreiserhöhung verbessern. Bei der Langzeitvermietung musst du dabei auf die Mietpreisbremse achten, damit du dich im gesetzlichen Rahmen bewegst. Bei der Kurzzeitvermietung ist es wichtig zu wissen, wann deine Stadt gefragt und stark gebucht ist. In der Hauptsaison oder zu Messezeiten kannst du deine Preise deutlich nach oben setzen. Spiele hier mit den Preisen um Erfahrungen zu sammeln und eine optimale Belegung und Auslastung zu erreichen.

Um die Einnahmen aus deinem Gewerbe zu optimieren, gibt es ganze Wissenschaften, in die du dich einarbeiten kannst. Dies ist das primäre Ziel jedes Unternehmens und einer der Kernpunkte, worum sich die unternehmerische Tätigkeit dreht.

Ansatzpunkte sind, die Kosten für die Produktion, so weit wie möglich zu reduzieren, die Reichweite des Unternehmens zu erweitern, um mehr Kunden zu gewinnen und den Gewinn pro Kunde möglichst zu vergrößern.

Du solltest immer prüfen, ob du weitere Einkommensströme hinzufügen und die bestehenden optimieren kannst. Wenn du deinen Fokus regelmäßig wechselst und etwas Abstand gewinnst, fallen dir beim nächsten Mal vielleicht Dinge auf, die du ansonsten nicht gesehen hättest. Zusätzlich macht es deutlich mehr Spaß und ist abwechslungsreicher, wenn du stets den Schwerpunkt auf eine andere Einkommensquelle setzen kannst.

MEHR GEHALT

*»Geld alleine macht nicht glücklich.
Kein Geld zu haben aber auch nicht.«*

Wenn du selbst keine aktiven Gehaltsverhandlungen führst, lässt du dir im Leben sehr viel Geld durch die Lappen gehen. Wartest du, bis dein Chef von alleine auf dich zukommt, und dir mehr Geld anbietet, verkaufst du dich weit unter Wert und häufig wirst du auf diese Gehaltserhöhung vergeblich warten. Wenn du dich nicht meldest, geht dein Chef davon aus, dass du mit deinem Gehalt zufrieden bist. Da nur ein Drittel aller Mitarbeiter überhaupt bei ihrem Chef nach mehr Gehalt fragt, hast du schon alleine durch das Fragen gute Chancen erfolgreich zu sein. Du zeigst damit auch, dass du unternehmerisch denkst und deine Interessen vertreten kannst. Wer sich selbst vertreten kann, kann auch die Interessen des Unternehmens vertreten. Daher ist der erste und wichtigste Tipp, selbst aktiv zu werden. Du solltest aber nicht zu häufig bei deinem Chef auf der Matte stehen. Nach einer Gehaltserhöhung ist im Normalfall der Geldhahn für 1-2 Jahre zu. Daher ist es wichtig, langfristig zu planen und eine Gehaltserhöhung strategisch vorzubereiten.

Du und dein Arbeitgeber, ihr seid gleichberechtigte Partner in einem Geschäftsverhältnis. Dein Arbeitgeber möchte deine Arbeitskraft so günstig wie möglich einkaufen, und du möchtest diese so gewinnbringend wie möglich verkaufen. Du bist bei dem Unternehmen angestellt, weil deine Arbeitskraft deinem Arbeitgeber unterm Strich mehr einbringt, als er dir am Monatsende überweisen muss. Wenn diese Gleichung einmal nicht mehr aufgeht, wackelt dein Stuhl. Eine Neueinstellung ist für deinen Arbeitgeber jedoch sehr teuer. Die Suche nach einem geeigneten Kandidaten, eventuell sogar über Headhunter, ist teuer und zeitaufwändig. Stelleninserate, Reisekosten für Bewerber, Ablöse aus bestehenden Verträgen, Einarbeitungszeit und vieles mehr, verschlingt Geld und Unmengen an Zeit. Ob der neue Mitarbeiter dann die Arbeit so gut macht wie du, ist jedoch nicht garantiert. Daher ist es oft deutlich günstiger dir eine Gehalterhöhung zu gewähren, als das Risiko einzugehen, dass du dir etwas Anderes suchst.

Verhandeln gehört dabei einfach zum Prozess dazu. Stell dir vor, dein Chef würde auf deine Frage nach mehr Gehalt einfach mit »Klar. Kein Problem, wie viel und ab wann?« antworten. Du und deine Kollegen würden sofort wieder auf der Matte stehen und nach mehr fragen.

Um beim Gehaltsgespräch punkten zu können, musst du deine Erfolge und Leistungen regelmäßig sichtbar machen. Wenn du in der normalen Arbeitszeit mit deinem Chef nur über Probleme und Schwierigkeiten sprichst, und du dann im Gehaltsgespräch plötzlich von deinen guten Leistungen und Erfolgen erzählst, kommt das etwas überraschend und wirkt unglaubwürdig. Du musst bereits früh sähen, was du im Gehaltsgespräch ernten willst und dafür sorgen, dass dein Chef in der Zwischenzeit regelmäßig sieht, wie gut die Pflänzchen gedeihen.

Nutze Gespräche mit deinem Chef auch dafür herauszufinden, wie er dich im Moment einschätzt und welches Bild er von dir hat. Dadurch kannst du die richtige Strategie ableiten, was zu tun ist, um deine

Chancen auf eine Gehaltserhöhung zu verbessern. Frage deinen Chef, was geschehen muss, damit er völlig zufrieden mit deiner Leitung ist. Wenn er darauf keine Antwort hat, ist das ein weiteres positives Argument auf deiner Liste für die Gehaltsverhandlungen.

Achte immer darauf, dass du dich nicht als geschunden und getreten darstellst. Mach deinem Umfeld und deinem Chef klar, dass deine Aufgabe nicht einfach ist, aber dass du dich über die Herausforderung freust und daran wachsen willst. Zeige dann auch regelmäßig auf, dass du erfolgreich warst und welche Hürden du gemeistert hast. Jammern und beklagen kannst du dich zuhause oder bei guten Freunden. Dafür ist nicht bei der Arbeit, und schon gar nicht bei deinem Chef, der richtige Platz.

Du musst dich unbedingt informieren, was dein Marktwert ist, um eine gute Orientierung zu haben, was du als Gehalt verlangen kannst. Wenn du nicht weißt, was du fordern kannst, musst du dich bei Sätzen wie »Das ist ja weit über dem Marktschnitt« oder »So viel bekommen Sie nirgends« geschlagen geben. Wenn du weißt, was auf dem Markt für deine Stelle geboten wird, kannst du stattdessen mit Fakten kontern.

Um recht einfach herauszufinden, wie hoch dein Marktwert ist, kannst du frühere Ausbildungs- oder Studienkollegen fragen, die in derselben Branche tätig sind. Tausch dich mit ihnen aus. Dadurch bekommen alle ein besseres Verständnis davon, wie gut euer Gehalt im Moment ist.

Eine andere Möglichkeit ist es, sich aktuelle Gehaltsstudien und Benchmarks anzuschauen. Diese werden regelmäßig veröffentlicht. Das benötigt zwar etwas Recherchearbeit, der Aufwand sollte es dir aber auf jeden Fall wert sein.

Eine letzte Möglichkeit deinen Marktwert zu ermitteln, ist es dich auf andere Stellen zu bewerben und in den Gehaltsverhandlungen hoch zu pokern. Das ist jedoch sehr aufwändig und risikoreich. Du solltest das nur tun, wenn du den Stellenwechsel wirklich in Betracht ziehst. Solltest du wirklich einmal eine neue Stelle suchen, hast du eventuell deine Chancen auf eine Anstellung in diesen Unternehmen bereits vertan.

Achte darauf, dass der Zeitpunkt für die Forderung gut gewählt ist. Wenn die Umsätze sinken, die Zahl der Mitarbeiter im Unternehmen abnimmt und Sparmaßnahmen auf der Tagesordnung sind, wirst du mit deiner Gehaltsforderung gegen die Wand laufen. Nutze diese Zeit um deine Anstellung durch gute Leistungen zu sichern. Sobald es wieder aufwärtsgeht, wird dein Chef investieren, um den Trend zu halten. Dann ist für dich der richtige Zeitpunkt gekommen.

Versteife dich bei deiner Gehaltsforderung nicht ausschließlich auf eine Erhöhung. Um etwas Verhandlungsspielraum zu bieten, kannst du auch eine zielgebundene Prämie, einen Bonus, Belegschaftsaktien oder einen Firmenwagen ins Spiel bringen. Auch Dienstwohnung, Versicherungen und die Kostenübernahme für Weiterbildungen sind mögliche Kandidaten. Dadurch spart auch dein Chef, da er Steuern und Abgabe sparen kann, oder sich zumindest nicht langjährig Mehrausgaben auf die Rechnung schreibt. Diese Modelle sind deutlich attraktiver für deinen Chef. Sollte die Gehaltserhöhung abgelehnt werden, kannst du eine dieser Alternativen ansprechen.

Um das Gehaltsgespräch einzuleiten, solltest du niemals deinen direkten Vorgesetzten übergehen. Wenn du direkt zum Chef deines Chefs gehst, wird er den Eindruck bekommen, dein Vorgesetzter hätte seine Abteilung nicht im Griff. Natürlich werden die beiden Chefs über ihre Anfrage sprechen. Bei deinem direkten Chef wird das aber eher eine »Na warte! Dir werde ich es zeigen!« Reaktion hervorrufen. Sprich immer erst direkt mit deinem Chef. Wenn dieser sagt, er könne nichts machen und sein Chef müsste das entscheiden, biete an ein gemeinsames Gespräch zu führen. Dabei kannst du auch erwähnen, dass ihr dann ja an einem Strang ziehen könnt, um die Erhöhung ins Trockene zu bekommen.

Deine Forderung sollte sich auf 5% bis 10% belaufen. Da du nicht alle paar Monate wegen einer Gehaltserhöhung auf der Matte stehen solltest, solltest du hier nicht zu tiefstapeln. Wenn dein Gehalt weit unter dem Marktwert liegt, darf es mit den richtigen Argumenten auch mehr als 10% sein. Setze deine Forderung aus taktischen Gründen immer etwas höher an, dann kann dein Chef dich noch runterhandeln, und du bekommst trotzdem dein Wunschgehalt. Sollte eine Erhöhung von 5% oder mehr im Moment nicht sehr wahrscheinlich sein, warte lieber noch etwas auf den richtigen Moment.

Wenn es dann zum Gehaltsgespräch kommt, musst du gut vorbereitet sein. Vermeide im gesamten Gespräch das Wort Gehaltserhöhung. Spricht immer von einer Gehaltsverbesserung. Das klingt positiver und lässt deinen Chef nicht jedes Mal innerlich zusammenzucken.

Du musst unbedingt deine Stärken kennen. Dabei reicht es nicht, Schlagwörter wie »teamfähig« oder »kommunikativ« im Kopf zu haben. Ruf dir konkrete

Beispiele ins Gedächtnis, mit denen du deine Qualitäten belegen kannst.

Bereite für das Gespräch eine Leistungsmappe vor, in der du alle deine Erfolge und Argumente auflistest, die für eine Gehaltsverbesserung sprechen. Die Mappe visualisiert deine Leistungen und sorgt dafür, dass nichts unter den Tisch fällt. Damit vermeidest du, dass du nach dem Gespräch sagst »Hätte ich doch bloß ...«.

Achte aber darauf, dass die Mappe nicht wie eine Beweissammlung gegen deinen Chef daherkommt. Die Mappe sollte eher Tatendrang und Begeisterung verströmen. Du wirst vermutlich der einzige Mitarbeiter sein, der so eine Mappe erstellt hat. Auch das wird ein Pluspunkt für deine Gehaltsverhandlungen sein.

Der richtige Termin für das Gespräch muss sorgfältig ausgewählt sein. Montag fällt schon mal raus, da es meistens viel aufzuarbeiten gibt, und der Tag deshalb stressig ist. Freitag ist der Fokus schon aufs Wochenende gesetzt und ein schwieriges Gespräch oft unerwünscht. Wichtig ist es auch, das Gespräch nicht vor ein wichtiges Meeting wie eine Vorstandsitzung, eine Präsentation oder eine Pressekonferenz zu legen. Versuche einen Tag zu finden, an dem wenig Ablenkung und Druck herrschen, damit du deinen Chef gut gelaunt und entspannt antreffen kannst. Sollte durch einen blöden Zufall, doch kurz vor dem Gehaltsgespräch eine Hiobsbotschaft deinen Chef zum Toben bringen, kippe den Termin mit einer Ausrede und setze einen neuen an.

Im Gespräch solltest du auf gar keinen Fall mit Argumenten kommen, dass du ein Haus gekauft hast, deine Familie Nachwuchs erwartet oder du anderweitig Geldnöte hast. Dein Chef ist nicht die Heilsarmee.

Werde zu deinem Alpha-Ich!

Geldsorgen sind die schlechtesten Argumente für mehr Gehalt. Auch Vergleiche mit anderen Mitarbeitern solltest du meiden. In dem Gespräch geht es nur um dich und deine Leistungen. Wenn du mit dem Gehalt deiner Kollegen argumentierst, legst du nur offen, dass du dich heimlich mit anderen über dein Gehalt austauschst und damit für Unruhe und Unzufriedenheit sorgst.

Die Betriebszugehörigkeit ist auch kein gutes Argument für mehr Gehalt. Wichtig ist die Leistung, und nicht das Absitzen von Dienstjahren. Du solltest auch auf gar keinen Fall mit der Kündigung drohen. Niemand ist unersetzlich und dieser Erpressungsversuch kann dir sehr krummgenommen werden. Es ist nicht unwahrscheinlich, dass dein Chef es darauf ankommen lässt. Wenn du dann nicht wirklich gehst, hast du deine Glaubwürdigkeit für alle Zeit verloren.

Wenn du ein gutes Verhältnis zu deinem Chef hast, darfst du niemals im privaten, zum Beispiel beim gemeinsamen Bier, nach mehr Gehalt fragen. Dieses Anliegen gehört ins Büro und auch nur dort hin. Als Konsequenz wird dein Chef sich sehr wahrscheinlich aus dem privaten Kontakt zurückziehen und um Missverständnisse in Zukunft zu vermeiden, wird er ganz ordentlich den Boss raushängen lassen.

Stattdessen musst du klarmachen, dass deine Aufgaben und deine Verantwortung gewachsen sind, und es nur logisch ist, dass dein Gehalt auch wächst. Diese Aufgaben machen deine Arbeit interessanter, aber dich eben auch wertvoller. Lass nicht den Eindruck entstehen, du möchtest für den Mehraufwand Schmerzensgeld bekommen. Zeige auf, dass du bereits mehr Geld wert bist, und du auch in Zukunft noch deutlich an Leistung zulegen kannst. Ein gutes Argument ist immer, wenn das

Unternehmen durch dich deutlich Geld spart. Wenn du bei den Kosten etwas optimiert hast, darf das auf deiner Liste nicht fehlen. Auch wenn durch dich mehr Geld hereinkommt, ist das ein wichtiges Argument. Nimmst du mehr Verantwortung wahr, als deine Stelle eigentlich vorgibt, ist das ein weiterer Grund für mehr Gehalt.

Bereite dich auf das Gespräch vor, indem du die möglichen Fragen und Antworten deines Chefs durchgehst, und du dir die dazu passenden Antworten überlegst. Starte im Gespräch mit der Frage, wie du die Firma in Zukunft voranbringen kannst und welche Perspektiven sich daraus für dich ergeben. Nach einem sanften Einstieg kannst du dann im Laufe des Gesprächs etwas klarer werden, worum es geht. Wenn du bereits recht gut verdienst, solltest du, statt von absoluten Beträgen zu sprechen, immer Prozentwerte nutzen. Zu 10% sagt es sich leichter »Ja« als zu 5000 €.

Achte auf deine Körpersprache. Sitze nicht verschlossen da, jedoch auch nicht zu dominant oder fordernd. Aufrechtes Sitzen und eine offene Armhaltung die Offenheit, Aktivität und Dynamik zeigt, ist die beste Strategie.

Setze dir ein Ziel und bleibe deiner Forderung fürs Erste treu. Wenn du beim ersten Gegenwind sofort umkippst, hat dein Chef leichtes Spiel. Erst in einer späteren Verhandlungsphase kannst du deine Forderung relativieren und etwas nachgeben.

Bleibe während des Gesprächs immer sachlich und führe das Gespräch immer wieder auf deine Argumente zurück. Nachdem du und dein Chef eine Einigung erreicht haben, stelle sicher, dass das Ergebnis noch einmal schwarz auf weiß bestätigt wird. Das kannst du ganz einfach machen, indem du nach dem Gespräch eine

Gesprächsnotiz per Email an deinen Chef sendest, und ihn fragst, ob die Email das Vereinbarte so korrekt wiedergibt, um Missverständnisse zu vermeiden.

Mit dieser Strategie solltest du gut aufgestellt sein, um dein Gehalt in nächster Zeit deutlich verbessern zu können. Am besten du fängst gleich heute damit an, die ersten Schritte zu unternehmen.

Das Helden Handbuch

FINANZIELLE FREIHEIT

»*Wenn du aufgeben willst,
bist du oft nur noch einen Schritt vom Ziel entfernt.
Geht weiter!*«

Hast du die finanzielle Sicherheit erreicht, das heißt, du kannst deine Unkosten durch passives Einkommen aus deinem Vermögen decken, gehörst du bereits zu den 1,5% der Menschen die es geschafft haben dem Hamsterrad zu entkommen.

Der nächste Schritt, der nun greifbar wird, ist die finanzielle Freiheit. Bei der finanziellen Sicherheit hast du es geschafft, deinen aktuellen Lebensstil passiv zu finanzieren.

Finanzielle Freiheit tritt ein, wenn du deinen Lebensstil deutlich erweitern kannst, und du dir deine Träume ohne groß zu rechnen erfüllen kannst.

Natürlich kann auch ein Multimillionär über seine Verhältnisse leben. Deshalb gibt es auch keinen allgemeingültigen Betrag, mit dem man finanzielle Freiheit erreicht hat. Vielmehr ist es sehr individuell, wann deine persönliche finanzielle Freiheit erreicht ist.

Schreibe auf, welche Punkte für dich Luxus Ausgaben sind, die du sofort umsetzen würdest, wenn du genügend Geld zur Verfügung hättest. Dabei solltest du nicht tiefstapeln aber auch nicht gleich die Weltherrschaft anstreben. Für den einen mag es tatsächlich die Privatinsel oder der eigene Jet sein, für den anderen ist es ein großes Haus im Grünen kombiniert mit der Zeit, den ganzen Tag Bücher lesen zu können.

Um dir ein Beispiel zu geben, hier ein paar Punkte die für mich finanzielle Freiheit bedeuten. Ich würde mir für die Hausarbeiten sofort eine Vollzeit Haushaltshilfe einstellen. Mir wäre es wichtig mindestens einmal im Jahr eine Fernreise zu machen. Gerne auch mit Rucksack, aber der Flug sollte trotzdem First-Class sein. Ein hochwertiges 3D-Heimkino würde auch noch auf meiner Liste stehen.

Um nun konkret zu berechnen, wie viel Geld du für deine finanzielle Freiheit benötigst, musst du recherchieren, was deine Träume dich in etwa kosten. Dabei errechnest du dir die Anschaffungskosten und die Unterhaltskosten.

Die Anschaffungskosten sind der Betrag, den du einmal aufbauen musst, ohne dein Vermögen - deine finanzielle Sicherheit anzurühren. Die monatlichen Unterhaltskosten musst du zu deinem Grundbetrag der finanziellen Sicherheit dazu rechnen.

Nehmen wir an, deine monatlichen Kosten belaufen sich nun auf 5000 €. Also benötigst du im Jahr 60.000 € passives Einkommen. Bleiben wir beim vorherigen Beispiel und gehen von einer Rendite oder einem Zins von 3% aus. Dann müssen also 60.000 € genau 3% deines Anlagebetrags sein. Du würdest also einen Betrag von 2.000.000 € benötigen, um bei 3% Zinsen finanzielle Freiheit zu erlangen.

Um die Anschaffungskosten zu decken, musst du vor der Anschaffung natürlich noch eine Weile einen gewissen Betrag auf die Seite legen. Hast du das nötige passive Einkommen mit deiner finanziellen Freiheit bereits erreicht, sollte jeden Monat ein Überschuss vorhanden sein, da du die einkalkulierten Anschaffungen ja noch nicht getätigt hast.

Wie dir vielleicht bereits aufgefallen ist, wärst du bei der Beispielrechnung bereits Millionär. Der Lebensstil, der sich daraus ergibt, ist aber bei weitem nicht das, was wir uns unter einem Millionärsleben vorstellen. Genau das ist der Grund, warum so viele Lottomillionäre ihr Geld so schnell wieder verjubelt haben. Das Bild, das wir von einem Millionär im Kopf haben, ist eher der Lebensstil eines Multimillionärs, also einem Vermögen von mindestens 10 Millionen und mehr. Mehrere Häuser und Autos, Privat-Jet und die President-Suite im Hotel sind bei einem Vermögen von 1 bis 2 Millionen Euro einfach weit über den Verhältnissen. Es ist wichtig, dass du ein Gefühl dafür bekommst, was mit welchen Beträgen realistisch ist, damit aus der märchenhaften Traumvorstellung Realität werden kann.

Es gibt viele Menschen die bereits in einen teureren Lebensstil wechseln bevor sie es sich wirklich leisten können. Sei vorsichtig und mach nicht denselben Fehler. Dadurch erfüllst du dir zwar deine Träume, aber statt deine Träume zu leben, leben deine Träume dich. Wenn du dir eine Traumvilla kaufst, und deshalb einen Zweitjob annimmst, wirst du nicht viel Zeit in deiner Villa verbringen, da du ständig nur für die monatlichen Raten beim Arbeiten bist. Neben dem finanziellen Aufwand musst du dir auch über den Zeitaufwand von manchen Träumen bewusst sein. Ein Haus mit Garten muss geputzt und gepflegt sein. Solange du dir also nicht noch zusätzlich einen Gärtner und eine Putzfrau leisten kannst, wird dir dieses Haus auch unheimlich viel Arbeit machen. Besitz bindet und bringt Verantwortung mit sich. Mach dich nicht zum Sklaven deiner Träume, weil du sie dir zu früh erfüllst.

Nach dieser kleinen Warnung stellt sich jetzt die Frage, wie es möglich ist, den nötigen Betrag für die finanzielle Freiheit zu erreichen.

Die traditionelle Weise wäre es, dein Geld zu sparen und mit hoher Verzinsung oder Rendite anzulegen. Durch die Zinsen und Zinseszinsen wirst du über die Jahre vermögend werden.

In der heutigen Zeit ist eine hohe Verzinsung mit über 10% sehr unrealistisch. Wenn du jetzt beginnst, und dein finanzielles Ziel in 40 Jahren erreichst, bist du höchstwahrscheinlich sehr alt oder bereits tot. Und es hilft dir nicht wirklich, wenn du mit 80 Jahren das Geld für deinen Lamborghini hast, aber dein Rollator nicht in den Kofferraum passt. Zusätzlich musst du dir bewusst sein, dass durch die Inflation deine Millionen in 40 Jahren eher einem Betrag von 250.000 € der heutigen Kaufkraft entsprechen. Ich möchte damit nicht sagen, dass das Anlegen von Geld schlecht ist. Wenn du jetzt ein entsprechendes Vermögen hast, ist das genau der Weg, um dir deine finanzielle Freiheit zu sichern. Du lässt dein Geld für dich arbeiten.

Jedoch ist es sehr unwahrscheinlich, dass du das Vermögen bereits hast, und um es aufzubauen, dauert der Weg über das Ansparen und dem Zinseszins viel zu Lange.

Wenn du heute einen Besitzer eines Ferraris oder Lamborghinis auf der Straße siehst, wie glaubst du, hat dieser Mensch sein Geld gemacht? Ein Lottogewinn? Kind reicher Eltern? Rap Star oder Fußballer? Ich bin mir fast sicher, dass du nicht davon ausgehst, dass das Vermögen durch einen Sparplan und eine gute private

Altersvorsorge bei der Bankfiliale um die Ecke aufgebaut wurde.

Um also deine Träume wirklich genießen zu können, musst du dir eine andere Strategie überlegen. Ein wichtiger Faktor ist dabei die Zeit. Es ist also nötig, beim Vermögensaufbau auf die Überholspur zu wechseln. Welche Möglichkeiten es hier gibt, schauen wir uns im nächsten Kapitel genauer an.

Das Helden Handbuch

AUF DIE ÜBERHOLSPUR

*»Am Anfang werden sie fragen,
warum du das machst.
Am Ende werden sie fragen,
wie du das gemacht hast.«*

In einem Angestelltenverhältnis zu arbeiten und jeden Monat 10% des Gehalts auf die Seite zu legen, ist der Standard, der uns von unzähligen Menschen vorgelebt wird. Diese Art des Vermögensaufbaus hat sich in unserer Gesellschaft als de facto Standard durchgesetzt. Um einen finanziellen Schutz oder sogar finanzielle Sicherheit aufzubauen, ist diese Strategie auch ausreichend. Dass diese Lebensweise nicht zu Vermögen oder sogar Reichtum führt, haben wir ja bereits im vorherigen Kapitel besprochen. Das Problem ist schlicht weg, dass diese Strategie zu lange dauert. Selbst wenn du 300 € Stundenlohn bekommen würdest, hast du nur 24 Stunden am Tag Zeit, um zu arbeiten. Spätestens dann wäre die natürliche Obergrenze deines Gehalts erreicht. Und der durchschnittliche Stundenlohn liegt, wie wir alle wissen deutlich darunter. Nur wenn du deine Ersparnisse über viele Jahrzehnte anlegst, kommst du auf Beträge die für ein finanziell freies Leben interessant werden. Leider bist du bis dahin so alt, dass du das Geld nicht mehr genießen kannst. Höchstwahrscheinlich erlebst du den Tag gar nicht mehr.

Wenn man sich vermögende Menschen anschaut, haben sie gemeinsam, dass sie ihren Reichtum nicht im

Schichtbetrieb als Angestellter oder in einem anderen ähnlichen Beruf verdient haben. Stattdessen haben sie es entweder im Sport, in der Schauspielerei, in der Musik oder mit einem anderen Talent zu Berühmtheit gebracht, oder sie besitzen ein eigenes Unternehmen. Es ist durchaus möglich, mit Talent und harter Arbeit an die Weltspitze einer Sportart oder der Charts zu klettern. Jedoch ist die Konkurrenz hier überwältigend hoch, und die Wahrscheinlichkeit für den eigenen Erfolg eher gering. Wenn du aber eine außergewöhnliche Begabung hast, kannst du mit viel harter Arbeit durchaus die Spitze erreichen.

Auch als Unternehmer musst du viel harte Arbeit investieren, um erfolgreich zu werden. Jedoch gibt es deutlich mehr Möglichkeiten bereits mit regionalem Erfolg oder einer lukrativen Nische, finanzielle Freiheit zu erreichen.

Ein weitverbreitetes Argument für einen Angestellten-Job ist, dass es die sicherste Variante wäre, um Geld zu verdienen. Aber ist dein Job wirklich so sicher? Was glaubst du, wird dein Arbeitgeber tun, wenn die Umsätze zurückgehen, und das Geld für dein Gehalt nicht mehr reicht? Was passiert, wenn du durch eine Umstrukturierung nicht mehr benötigt wirst, oder dein neuer Vorgesetzter dich nicht leiden kann? Was wenn die Geschäftsleitung entscheidet, dass dein Bereich nicht mehr zum Core-Business gehört? Du kannst noch so gut in deinem Job sein. Im Angestelltenverhältnis hast du keinerlei Kontrolle über all diese Rahmenbedingungen.

Wenn du fleißig 8-9 Stunden arbeitest und Spitzenleistungen bringst, hast du eine Chance darauf Chef zu werden. Dann darfst du 12 Stunden am Tag arbeiten. Dein Verdienst wird sich dabei sehr

wahrscheinlich verbessern. Jedoch wirst dir dein Unternehmen niemals plötzlich doppelt oder dreifach so viel Gehalt bezahlen. Dein Gehalt wird sich immer in einem gewissen Rahmen bewegen. Ein Rahmen, der dich nicht reich machen wird. Als Angestellter hast du jedoch nur diese eine Einnahmequelle. Wenn diese wegfällt, hast du gar nichts mehr.
Ein Unternehmer lebt nicht unbedingt sicherer. Jedoch kann er auf mehrere Einnahmequellen setzen, um das Risiko zu minimieren. Fällt ein Geschäftszweig weg, kann ein anderer den Verlust auffangen. Als Unternehmer hast du auch die volle Kontrolle. Natürlich hast du das Marktrisiko und eine Krise kann dich hart treffen. Jedoch bleibst du von unternehmensinternen Willkürlichkeiten verschont.
Das Angestellten-Dasein und das Unternehmertum teilen sich also in etwas dasselbe Risiko. Sie sind beide gleich unsicher. Als Unternehmer hast du jedoch den großen Vorteil, dass du im Erfolgsfall deutlich höhere Einnahmen erwarten kannst und gleichzeitig die volle Kontrolle hast.

Um auf die Überholspur zum Wohlstand zu wechseln, empfehle ich dir Unternehmer zu werden. Du musst aber nicht sofort deinen Job hinschmeißen. Starte nebenberuflich und baue dir ein zweites Standbein auf. An einem gewissen Punkt kannst du dann aus deinem Job aussteigen, und dich voll auf dein Unternehmen konzentrieren.
Aber auch mit einem eigenen Unternehmen kann man den falschen Weg einschlagen. Um ein wirklich erfolgreiches Unternehmen zu starten, muss deine Geschäftsidee folgende 5 Vorrausetzungen erfüllen:

EIN BEDÜRFNIS ERFÜLLEN

Dein Unternehmen wird nur erfolgreich sein, wenn es ein Bedürfnis deiner Kunden erfüllt. Das können nicht gelöste Probleme oder nicht vorhandene Services sein. Chancen für eine gute Geschäftsidee sind überall. Immer wenn du dich über etwas ärgerst, ist dahinter meist eine Chance versteckt. Wenn sich jemand über etwas beschwert, ist das meist ein Zeichen eines unerfüllten Bedürfnisses. Höre genau hin und lerne diese Situationen zu erkennen. Genau hier verstecken sich die besten Geschäftsideen.

Oft wird Gründern empfohlen, einfach die Dinge zu tun, die sie lieben, und daraus ein Geschäft zu machen. In den meisten Fällen führt das aber dazu, dass du nur dein Bedürfnis erfüllst, statt das deiner Kunden. Wenn es aber kein Bedürfnis auf dem Markt für dein Angebot gibt, wirst du scheitern. Natürlich ist der Gedanke toll, dein Hobby zum Beruf zu machen. Häufig ist es aber empfehlenswerter ein Kundenbedürfnis zu identifizieren und zu lösen. Zusätzlich gehst du bei deinem Hobby noch das Risiko ein, dass es dir keinen Spaß mehr macht, wenn es einmal zu deinem Beruf geworden ist.

DER EINSTIEG DARF NICHT ZU LEICHT SEIN

Wenn der Einstieg in dein Geschäft zu einfach ist, wirst du mit einer gewaltigen Masse an Konkurrenz rechnen müssen. Die meisten Menschen sind faul. Wenn ein Geschäft lockt, das mit wenig Arbeit Gewinne verspricht, werden sich viele darauf stürzen. Der Einstieg muss also eine gewisse Hürde bedeuten. Diese Hürde kann zum Beispiel das Wissen und Know-how sein, dass du dir aneignen musst, um das Geschäft überhaupt starten zu können. Oft ist die Hürde aber auch die Arbeit, die geleistet werden muss, um das Geschäftsmodell auf den Markt zu bringen.

Wenn die Hürde für den Einstieg zu niedrig ist, solltest du hellhörig werden. Oft verstecken sich dahinter Networkmarketing oder andere Schneeball Systeme, oder die Geschäftsidee ist schlichtweg nicht attraktiv. Deine Alarmglocken sollten auf jeden Fall angehen, wenn dir passives Einkommen versprochen wird, weil andere für dich arbeiten werden und du bei jedem Verkauf mitverdienst. Häufig kombiniert mit dem Kauf eines Startersets für nur 500 €, 20% günstiger, weil gerade eine Aktion läuft. Nutzen deinen gesunden Menschenverstand und lass dich von solchen Businessmodellen nicht verarschen. Aber nicht nur Lockangebote wie diese, sondern auch legitime Geschäftsmodelle können uninteressant sein, wenn der Einstieg zu einfach ist und dadurch Hinz und Kunz versuchen, damit Geld zu verdienen.

Also was zu schön klingt, um wahr zu sein, ist es meistens auch.

DU MUSST DIE KONTROLLE HABEN

Einige Geschäftsideen sind von anderen Unternehmen abhängig. Das solltest du unbedingt vermeiden. Wenn du ein Unternehmen zum Beispiel auf Affiliate Marketing aufbaust, bist du vollkommen von der Zusammenarbeit mit dem Hauptunternehmen abhängig. Lass mich das Beispiel von Amazon deutlich machen. Sagen wir, du verkaufst über das Partnernetz von Amazon Produkte und lebst von der Provision. Wenn Amazon morgen entscheidet, dich aus dem Programm zu werfen, aus welchem Grund auch immer, ist dein komplettes Unternehmen dahin. Auch im Networkmarketing oder Multilevel-Marketing hast du keine Kontrolle über das Geschäft.

Ein weiteres Beispiel ist das Kreditkarten Lesegerät Square, das über die Köpfhörerbuchse des iPhones angeschlossen werden kann, um mit dem iPhone Kreditkarten Zahlungen zu tätigen. Das Konzept ging über ein paar Modelle gut. Nun hat Apple bei iPhone 7 entschieden, keine Kopfhörerbuchse mehr zu verbauen. Square muss nun dringend einen anderen Weg finden sich mit dem iPhone zu koppeln, oder das Businessmodell wird Geschichte sein. Square hat nicht die volle Kontrolle über sein Business und ist Apple komplett ausgeliefert.

Am besten ist es daher, du bist mit deinem Unternehmen von anderen Unternehmen völlig unabhängig. Wenn das nicht möglich ist, solltest du zumindest für jeden Partner eine alternative Lösung haben. Dann hast du einen Plan B, sollte dein Partner oder Zulieferer aus irgendwelchen Gründen nicht mehr mit dir zusammenarbeiten.

DEIN BUSINESS MUSS SKALIERBAR SEIN

Dein Produkt muss ohne größere Probleme von 200 auf 2000 oder sogar 2.000.000 Stück skalierbar sein. Es gibt viele Bereiche, in denen das von Natur aus gegeben ist. Software lässt sich nach der Entwicklung unendlich oft kopieren. Auch eBooks haben diese Eigenschaft. Andere Produkte benötigen eventuell Infrastruktur, die mitwächst. Behalte diese Eigenschaft auf jeden Fall im Auge. Auch wenn deine Idee nicht 100% skalierbar ist, solltest du zumindest von Beginn an einen Plan haben, wie du im Erfolgsfall schnell wachsen kannst.

Ein weiterer Aspekt der Skalierbarkeit sieht man bei Plattformen wie eBay, Uber oder AirBnB. Diese Unternehmen haben sich zu den größten Anbietern in ihrem Bereich entwickelt, ohne den entsprechenden Service selbst anzubieten. AirBnB bietet mehr Betten als jede Hotelkette auf dieser Welt, ohne ein einziges Bett selbst zu vermieten. Über ist das größte Taxiunternehmen und besitzt keines der Autos selbst und beschäftigt keinen einzigen Taxifahrer direkt. Die Plattform ermöglicht es, dass die Unternehmen neue Zimmer oder Fahrer aufnehmen können, ohne dass dies weitere Kosten oder manuelle Arbeit bedeutet. Solange die Webserver laufen und das Datenaufkommen bedienen können, skaliert das Angebot völlig eigenständig ohne großes Zutun des Unternehmens. Dieses Plattformbusiness-Modell ist die Goldgrube der nächsten Generation.

UNABHÄNGIG VON DEINER ZEIT

Gegen diese Voraussetzung verstößt jeder selbständige Berater, Webdesigner, Freelancer und Handwerker. Ein Unternehmen, das an deine Zeit gebunden ist, ist ein Job. Nur wenn dein Unternehmen unabhängig von deiner Zeit Gewinne erzielt, ist es eine lukrative Geschäftsidee. Du kannst mit einem Job durchaus reich werden, jedoch musst du dann deinen Stundenlohn in exorbitante Höhen treiben. Manche Starfrisöre, Schönheitschirurgen und Designer haben das geschafft. Jedoch ist dies ähnlich schwierig, wie bei Profisportlern oder anderen Stars. Aus der Masse herauszustechen ist nicht einfach.

Wenn du es schaffst, dein Unternehmen von deiner persönlichen Zeit abzukoppeln, hast du eine weitere Voraussetzung für deinen Wohlstand geschaffen.

Prüfe alle deine Geschäftsideen gegen diese 5 Voraussetzungen. Wenn die Idee mehrere nicht erfüllt, solltest du von der Umsetzung Abstand nehmen. Ist nur eine Voraussetzung nicht gegeben, ist das nicht unbedingt das Aus für deine Idee. Jedoch ist dadurch die Erfolgswahrscheinlichkeit deutlich geringer.

DAS GIBT'S SCHON

Oft werden Ideen nicht weiterverfolgt, weil irgendjemand die Idee bereits hatte und das Produkt bereits anbietet. Gerade wenn man Freunden von seiner Geschäftsidee erzählt, scheinen diese wie die Geier auf die Möglichkeit zu warten, einem den Satz »Das gibt's schon« um die Ohren zu hauen. Lass dich davon nicht entmutigen. Eigentlich ist das sogar das Beste, was dir passieren kann.

Wenn heutzutage etwas noch ein komplettes Novum ist, ist die Wahrscheinlichkeit groß, das dafür gar kein Markt existiert. Natürlich ist es möglich sich einen eigenen Markt zu schaffen, wie zum Beispiel Apple es mehrmals gemacht hat, jedoch haben das tausende Unternehmen versucht und sind daran gescheitert.

Wenn deine Idee bereits auf dem Markt ist, hast du einen großen Vorteil, denn du kannst von deiner Konkurrenz lernen.

Du kannst herausfinden, was deren Kunden an dem Produkt nicht gefällt und es dann besser machen. Du kannst dir gute Dinge abschauen und sparst dir einiges an Mühe und Arbeit. Der allergrößte Vorteil ist, dass damit bewiesen ist, dass ein Markt existiert und man mit dem Produkt wirklich Geld verdienen kann.

Du brauchst also keine Idee, die es vorher noch nicht gab, um ein erfolgreiches Unternehmen zu gründen.

Das Helden Handbuch

ES IST ZEIT WAS ZU ÄNDERN

*»Ich sage nicht, dass es einfach wird.
Aber es wird es wert sein.«*

Jetzt kommt die harte Arbeit. Es wird Zeit dich hinzusetzen und dein Unternehmen zu formen. Es ist Zeit deinen Körper zu trainieren und deine Ernährung darauf auszurichten, dass du genug Energie für deinen Weg zum Alpha-Ich hast. Es ist Zeit deine Ziele zu setzen, deine Produktivität und dein Verhalten zu optimieren, um deine Ziele schneller zu erreichen. Ich will es gar nicht schönreden. Wenn du diesen Weg gehst, wirst du viel Arbeit und Zeit investieren müssen. Vor allem wird es oft den Moment geben, an dem du aufgeben möchtest. Mach dir dann klar, dass du schon den größten Teil des Weges hinter dir hast. Du könntest bereits kurz davor sein, einen Meilenstein oder sogar eines deiner Ziele final zu erreichen.

Es gibt viele Bücher und Seminare, die durch die Kraft der Gedanken Erfolg und Reichtum in dein Leben bringen wollen. Vielleicht hast du schon vom Gesetz der Anziehung oder von Bestellungen beim Universum gehört. Ich persönlich bin der Meinung, dass Erfolg von dir kommen muss. Diese Konzepte können vielleicht dein Unterbewusstsein beeinflussen aktiv zu werden und dich damit dazu bringen mit der Umsetzung anzufangen, aber ohne deinen Fleiß, deine Arbeit und dein Handeln wird sich nichts ändern. Du wirst dich nicht reich denken können.

Es ist durchaus möglich »schnell« reich zu werden. Mit einer guten Geschäftsidee, einem viralen Video oder einfach mit dem richtigen Angebot zur richtigen Zeit. Was jedoch nicht funktioniert ist »einfach« reich zu werden. Neben unwahrscheinlichem Glück, zum Beispiel einem Lotto Gewinn, ist einfacher Reichtum nicht möglich. Achtung: Wenn dir jemand einfachen Reichtum verspricht, solltest du skeptisch werden. Meistens bist du, wenn du darauf eingehst, danach ärmer als zuvor. Stattdessen wird es immer mit harter Arbeit verbunden sein, wenn ein Weg vielversprechend ist.

Daher gilt leider auch, dass sich nur durch das Lesen dieses Buchs nicht viel ändern wird. Um erfolgreich zu sein, musst du hart arbeiten. Solltest du alle »Aktion-Icons« erfolgreich ignoriert haben, gehe jetzt zurück zum Anfang des Buchs, und setze die einzelnen Aufgaben um.

Mir ist wichtig zu wissen, was du über dieses Buch denkst. Ich möchte dich ermutigen, deine Meinung über dieses Buch als Bewertung bei Amazon zu schreiben. Dadurch können sich auch Andere ein besseres Bild von diesem Buch machen und es hilft mir, eine verbesserte Auflage zu erarbeiten. Möchtest du dein Feedback lieber nicht öffentlich geben, dann schreibe mir einfach eine Email an kai@heldenhandbuch.de.

Wenn du etwas von diesem Buch gelernt hast, würde ich mich freuen, wenn du es jemandem in deinem Bekanntenkreis weiterempfehlen würdest, von dem du denkst, dass er auch von dem Heldenhandbuch profitieren kann. Ich danke dir.

Werde zu deinem Alpha-Ich!

Ich wünsche dir Kraft und Motivation, damit du dich auf den Weg zu deinem Alpha-Ich machst und dass du große Erfolge feiern kannst. Deshalb möchte ich dieses Buch mit einem Zitat beenden, dass passender nicht sein könnte:

Wenn Du immer wieder das tust,
was Du immer schon getan hast,
dann wirst Du immer wieder das bekommen,
was Du immer schon bekommen hast.
Wenn Du etwas Anderes haben willst,
musst Du etwas Anderes tun!
Und wenn das, was Du tust, Dich nicht weiterbringt,
dann tu etwas völlig Anderes –
statt mehr vom gleichen Falschen!

Paul Watzlawick, Philosoph, 1921 – 2007

Copyright © 2016 Kai Schimpf
All rights reserved.

ISBN: 1539093026
ISBN-13: 978-1539093022

www.heldenhandbuch.de
mail@heldenhandbuch.de

Erstauflage

Printed in Germany by Amazon Distribution GmbH, Leipzig

Das Werk, einschließlich seiner Teile, ist urheberrechtlich geschützt. Jede Verwertung ist ohne Zustimmung des Verlages und des Autors unzulässig. Dies gilt insbesondere für die elektronische oder sonstige Vervielfältigung, Übersetzung, Verbreitung und öffentliche Zugänglichmachung.

www.ingramcontent.com/pod-product-compliance
Lightning Source LLC
Chambersburg PA
CBHW070235190526
45169CB00001B/188